L'EMPIRE

JUGÉ PAR SES ACTES

PARIS. — IMPRIMERIE DE V. GOUPY, RUE GARANCIERE, 5.

L'EMPIRE

JUGÉ

PAR SES ACTES

PREMIÈRE PARTIE

POLITIQUE INTÉRIEURE

PARIS

LACHAUD, LIBRAIRE-ÉDITEUR

2, PLACE DU THÉATRE-FRANÇAIS

1869

PRÉFACE

——

Au moment où le pouvoir et l'opposition vont comparaître devant le suffrage universel par leurs candidats, il nous a paru bon, utile, salutaire, d'exposer les titres de l'Empire à la louange ou au blâme public, afin qu'on le juge non sur ses paroles ou sur celles de ses ennemis, mais sur ses actes, soit à l'intérieur, soit à l'extérieur.

Au dehors, mu par une pensée d'équilibre politique, il a fait la guerre de Crimée; il a porté nos armes en Italie pour la cause de l'indépendance des peuples; dans l'intérêt du commerce français, pour sa protection ou son extension, il a tenté deux expéditions : l'une qui a réussi, en Cochinchine, et dont on ne parle guère; l'autre qui a échoué, et dont on le blâme sans relâche et sans fin. Tel est le patriotisme de l'opposition ! Elle enveloppe d'un voile d'oubli nos succès; nos plaies, elle ne se lasse pas de les découvrir !

L'Empire a fait aussi les traités de commerce avec les nations européennes qui ont eu pour double résultat d'ouvrir à notre industrie les marchés de l'Europe, et de faire de la France le marché du monde. OEuvre admirable de civilisation qui prélude par l'union de leurs intérêts à l'union des peuples ! à l'émulation et au perfectionnement des arts utiles par la liberté du commerce, assurant au travail la matière première au plus bas prix, à ses produits le débouché le plus rémunérateur !

Voilà, dans ses actes principaux, la politique extérieure de l'Empire. Elle sera pour nous l'objet d'un travail ultérieur.

Quant à la politique intérieure de Napoléon III, qui forme l'objet unique de cet écrit, elle se compose de quatre grandes tâches, successivement abordées et accomplies : restauration de l'autorité et de la paix publiques, inauguration du progrès social, restitution des libertés civiques, agrandies et transformées.

Comment s'opère la restauration de l'autorité ? Par une meilleure répartition des pouvoirs qui, tout en rendant au chef de l'Etat son rôle historique de promoteur et de protecteur des grands intérêts publics, d'arbitre suprême entre les classes d'hommes, fait sa part traditionnelle aussi aux députés de la nation par le vote souverain des lois et de l'impôt ; qui met terme à la fois aux empiétements et aux confusions des puissances exécutive, législative et judiciaire, d'une part, par le déplacement de la responsabilité ministérielle, et de l'autre, par la cessation de cette anomalie d'une chambre haute issue de la couronne, votant au second degré les impôts et les lois, et cour de justice en même temps que corps politique, c'est-à-dire sans mandat au premier cas, et au second justement suspecte.

De quelle façon s'effectue le rétablissement de la paix publique ? Au moyen de l'équilibre remis entre les classes sociales, auparavant tour à tour favorisées ; et cela, au point de vue politique, par leur égalité constitutionnelle ; au point de vue économique, par l'association de leurs intérêts que la révolution de février avait rendus ennemis.

L'Empereur inaugure et réalise l'œuvre du progrès social par l'exaltation indéfinie de la fortune et de la grandeur de la France ; toutes les forces provoquées au service de l'œuvre commune : le talent et le crédit, la propriété et les bras ; tous les éléments de richesse et de splendeur conviés à produire : la terre qui donne les trésors premiers, l'industrie qui les met en œuvre, le commerce qui les répand, la science qui ravit pour l'homme ses secrets à la nature, les arts qui s'ingénient à nous plaire, les lettres qui devraient nous instruire en nous charmant.

Enfin, la paix sociale consolidée, la civilisation en pleine voie de développement, Napoléon montre ce rare et bel exemple d'un souverain qui limite ses prérogatives, augmente celles des pouvoirs rivaux, et de son mouvement spontané ouvre l'ère des libertés, ravissant à sa propre puissance, à son lustre personnel, ce qu'il accorde à l'initiative des citoyens et à leur dignité. L'originalité de l'octroi ainsi fait consiste, en outre de ce qu'il est volontaire, en ce qu'il ne s'adresse point aux seules classes possédantes et gouvernantes. Il y a là la part des humbles auprès de celle des superbes, et elle n'est ni la moins large, ni la moins riche. L'élu du peuple s'est souvenu de son origine. Dans la charte des libertés publiques, il a placé, en regard de la page restituée des libertés politiques et bourgeoises, la page neuve des libertés économiques et des libertés ouvrières.

Les détails négligés pour l'ensemble, tel est le fond du travail qu'on va lire. On n'y trouvera rien d'un éloge ni d'une apologie. Résumé rapidement écrit des actes du règne, simple brochure d'actualité aujourd'hui ; avec plus de temps, plus de développements, moyennant d'importantes lacunes comblées, demain cela pourrait devenir l'histoire du second empire en un ou plusieurs volumes. Par là, quoique sous certains rapports, au point de vue des appréciations surtout, *l'Empire jugé par ses actes*, se rapproche de la remarquable *Lettre à un électeur* signée *un constituant;* il peut être publié après sans paraître une copie, ni former double emploi. Il conserve, malgré tout, son caractère propre et son adresse spéciale.

UN PUBLICISTE.

Paris, le 30 avril 1869.

L'EMPIRE

JUGÉ PAR SES ACTES

INTRODUCTION

I

Lorsque, dans la personne du malheureux Louis XVI, la royauté, devenue incapable de l'œuvre d'arbitrage souverain qu'elle accomplissait depuis des siècles entre les classes d'hommes qui composaient le fond de la société française, laissa tomber de ses faibles mains le sceptre du pouvoir, la main et l'épée de justice, trois partis s'élevèrent en France pour s'y disputer le gouvernement. Ces partis, formés des vieux éléments rajeunis de l'aristocratie, de la bourgeoisie et du peuple, tirèrent chacun à soi, pour s'en faire un but plutôt encore qu'un drapeau, une portion de ce qui sera la devise républicaine : *liberté, égalité, fraternité.*

L'aristocratie d'épée et de robe, en lutte plus d'une fois avec la royauté pour la conservation de ses priviléges et le partage de la puissance, confiante en sa force, visait surtout à la liberté. Jetant, avec Montesquieu, un regard au delà de la Manche, elle y voyait une monarchie soumise à un parlement, composé de deux chambres, *les lords et les communes*, mais en réalité régentée par les lords, maîtres des communes par les élections des bourgs et de la royauté par des ministres choisis dans leurs rangs et dont ils imposaient le choix. Ce qui était consacré en Angleterre, Lally-Tollendal et ses amis politiques avaient conçu l'ambition de l'établir en France.

La bourgeoisie, affranchie de la veille, ne voulait pas plus de deux chambres que de deux peuples. Pour elle le *tiers état*, c'était désormais la nation, et toutes les classes devaient venir s'y confondre sous l'empire égal d'une même autorité. *Une nation, une loi, un roi*, telle était sa formule. A ceux qui lui parlaient de naissance et de priviléges acquis, la bourgeoisie répondait fièrement que le genre humain avait retrouvé ses titres d'origine, et elle épelait déjà la déclaration des droits de l'homme et du citoyen.

Le bas peuple et ses tribuns d'office se montraient peu jaloux de l'altière liberté qui compte avec le pouvoir et médiocrement enthousiastes de l'égalité des droits séparée de l'égalité des conditions. Ils rêvaient vaguement de dictature et de niveau ; et, ne concevant point que des hommes nés dans un berceau commun n'eussent point à revendiquer, chacun, sa part d'un commun héritage, à l'invocation des droits de l'homme ils ajoutaient tout bas l'invocation des droits de la fraternité.

Mais en 1789 il était déjà trop tard pour une représentation spéciale des classes privilégiées, et l'heure des classes inférieures n'avait point encore sonné. La nation, ivre d'égalité, ne pouvait plus souffrir de distinction politique, et pourtant l'égalité sociale ne lui répugnait pas moins. On le vit bien, d'un côté, par la position humble, effacée qui fut faite à Robespierre dans le sein de l'Assemblée constituante, et, d'autre part, par l'impossibilité où furent mis le clergé et la noblesse de former une réunion spéciale, par l'enthousiasme d'égalité qui s'empara bientôt après des députés nobles réunis au tiers et qui les conduisit à se dépouiller de leurs propres mains de tout titre et privilége dans la nuit célèbre du 4 août aux applaudissements de la Constituante et de la France entière.

II

Ce n'est qu'en 1793, sous la Convention, que, l'aristocratie en émigration, la bourgeoisie terrorisée, la dictature organisée en comités de salut public et de surveillance, on entend retentir ce cri, plus sauvage qu'humain : *la fraternité ou la mort*. Mais le socialisme de cette époque, réminiscence des lois de Lycurgue, se propose moins pour objet la richesse et l'exaltation générales que la satisfaction grossière des besoins communs et l'abaissement des grands et des riches. Il poursuit d'une même haine l'industrie et le commerce, le luxe et l'aristocratie. Il procède contre le clergé et la noblesse par voie de confiscations ; contre la bourgeoisie il édicte l'impôt progressif et la loi du maximum.

Pour l'indigent il ne sait imaginer que ceci : lui payer sa journée de club au détriment du travail et déclarer *l'assistance du pauvre dette nationale*, après confiscation préalable des biens des hôpitaux, fondations et dotations en faveur des pauvres et défense faite à la charité privée de les assister. On a bien ouvert dans les communes *le livre de la bienfaisance publique* et institué une cérémonie pour honorer le malheur ; mais les feuillets du livre restent blancs faute de ressources, et, le malheur insecouru, la fête décrétée à son adresse a l'air d'une moquerie plus que d'un hommage.

Voilà pour la question de propriété et de philanthropie ; contre la famille et l'autorité de son chef, le socialisme révolutionnaire prend trois mesures : il place sur pied complet d'égalité l'enfant naturel et l'enfant légitime, adopte les filles mères et leurs fruits, et interdit de la part des pères tout avantage de succession au profit d'un ou de plusieurs de leurs enfants.

Ce socialisme, inspiré d'envie et que ses singularités dépeignent (il avait voulu et prescrit par Chaumette la transformation du jardin du Luxembourg en champ de pommes de terre !), rencontra, après sa défaite, son rêveur le plus audacieux dans Gracchus-Babœuf et sa formule suprême dans la *république des égaux*. Cet Eldorado de 96, basse dérision des paradoxes de J.-J. Rousseau, eût fait de la France une sorte de couvent de brutes, associées pour leur commune misère et leur commune ignorance dans une servitude commune. Il eût ramené l'homme à l'état de barbarie et de dépouillement primitif, moins la liberté des forêts et l'oisiveté d'une vie errante de chasse et de pêche à travers la terre inculte.

Un autre côté du socialisme de 93, partagé dans une certaine mesure par le socialisme de nos jours, fut la haine du passé et le désir violent de l'extirper partout. Il nourrit l'ambition de recommencer le monde, de l'affranchir de ses tyrans et d'inaugurer une ère nouvelle pour l'humanité. Il data le temps de la chute de la royauté en France, refit le calendrier, mit la sape et la mine à tout vieux monument, proscrivit l'histoire, brûla les manuscrits et les livres, déclara la guerre à tout souverain étranger. Etonnante fureur qui, en inimitié des institutions anciennes, s'attaquait à l'héritage entier des aïeux, qui bataillait contre les peuples sous prétexte de les délivrer !

Les ruines et les souffrances furent telles en peu d'années et la désolation si grande que la douleur salutaire dissipa le rêve funeste. Le peuple, ému de pitié pour autrui et effrayé de sa propre misère, s'aperçut enfin que la proscription des grands et la spoliation des riches n'élevaient ni n'amélioraient sa condition, que la guerre au passé et aux tyrans ne rendait point l'avenir préférable et la France plus libre. A semer le deuil et la terreur, qu'avait-il récolté? Crime et famine. Et la bourgeoisie, à son tour, quelle avait été son œuvre? Poussée par la pensée de débarrasser l'arbre social de quelques branches viciées ou parasites, elle en était arrivée à mettre la cognée à l'arbre de la civilisation.

III

Alors un retour a lieu, retour à la française, prompt et impétueux. Le même mois de thermidor, qui délivrait la France de Robespierre, voyait abolir le maximum. Bientôt après, le club des Jacobins, attaqué par la jeunesse bourgeoise, était suspendu par la Convention, et les représentants montagnards les plus compromis se trouvaient arrêtés. La devise républicaine sculptée au front des édifices publics tombait sous le marteau. Enfin la constitution révolutionnaire de 1793 disparaissait pour faire place à la constitution rétroactive de 1795 dite de l'an III, l'exercice public des cultes était autorisé, et le tribunal révolutionnaire supprimé.

Mais tout cela ne s'opéra point sans troubles. D'un côté les faubourgs de Paris s'insurgeaient au cri *du pain et la constitution de 1793*, de l'autre, les sections royalistes. Au milieu de ces courants contraires, les conseils des Cinq-Cents et des Anciens furent assemblés, le Directoire formé; et à peine l'étaient-ils que l'esprit d'opposition montait jusqu'au sein du gouvernement et de la législature pour y réveiller l'esprit de proscription mal endormi encore. D'un seul coup un général illustre,

Pichegru, deux directeurs, Carnot et Barthélemy, cinquante députés, plusieurs journalistes étaient frappés de déportation. La fureur révolutionnaire reprend son œuvre interrompue. On arrête le pape Pie VI en Toscane, un emprunt forcé de cent millions sur les riches est décrété, on édicte la loi dite des otages contre les parents d'émigrés et les nobles.

IV

Vent et regain d'orage dont le souffle fut court. Le jeune général qui avait repoussé au 13 vendémiaire les sections royalistes et sauvé le Directoire, arrive d'Égypte pour le remplacer. Avec le Directoire succombent la constitution de l'an III et le peu qui subsiste des mesures socialistes et violentes de la révolution. La loi des otages et l'emprunt sur les riches sont rapportés ; le code civil qu'on promulgue, tout en établissant l'égalité dans les partages, attribue aux pères de famille une quotité disponible, gage et sanction au besoin de leur juste autorité ; sans rejeter la famille naturelle et briser tous ses liens, il l'anéantit en quelque sorte devant la famille légitime ; car à celle-là rien n'est accordé qu'à titre de subsistance, qu'en dehors de la maison et hors règle. Au lieu de l'impôt progressif qui frappait la richesse et empêchait sa reproduction, les impôts indirects sont établis qui pèsent sur la consommation au soulagement de la propriété, seule atteinte par l'impôt direct.

En politique, le pouvoir exécutif, trop immolé au pouvoir légiférant, prend sa revanche outre mesure. Par une trinité de consuls, puis par un premier consul assisté de deux assesseurs, enfin, par l'empereur, souverain unique et en fait absolu, il propose la loi à un corps législatif qui la vote en silence sur les observations du tribunat, une voix qui parle encore aujourd'hui et qu'on fera taire demain. L'autorité que le prince exerce dans l'empire, les préfets, les sous-préfets, les maires l'exercent aux divers échelons du pouvoir exécutif, tout rouage délibérant brisé ou assujetti au moteur souverain.

En même temps que la puissance civile s'élève à cette hauteur dans l'État pour commander aux citoyens, l'autorité religieuse est rétablie dans sa hiérarchie pour ordonner aux âmes. Un concordat a été débattu et signé avec le pape pour régler les rapports de l'Église et de la société. Aussi quand l'empereur Napoléon et l'impératrice Joséphine vont se faire sacrer à Notre-Dame, les corps politiques, les grands dignitaires et les maréchaux d'empire présents, c'est au milieu de toutes les splendeurs du culte que la cérémonie a lieu, l'univers catholique témoin dans la personne du souverain pontife qui unit les époux au nom du ciel. La chaîne des temps, brisée par la révolution, est ressoudée par-dessus l'abîme comblé de 1793, si bien que le sénatus-consulte tardif qui rétablit pour 1806 l'usage du calendrier grégorien ne fera que constater un fait accompli.

Beau moment pour le fondateur de l'empire que l'heure de son sacre ! Sa victoire l'a fait puissant, la paix et ses institutions grand, le peuple l'a couronné d'un suffrage presque unanime, la religion le bénit, la France sourit à sa fortune comme à la sienne même. Succès plus merveilleux ! les partis hostiles, chassant de leur mémoire comme un mauvais rêve tout ce qui s'est passé depuis 1791, unissent réconciliés leurs mains dans ses mains !

Quel triomphe ! mais aussi quelle difficulté ! composer une nation de deux peuples, celui d'avant la révolution et celui d'après, celui des privilégiés de la veille et celui des maîtres du jour, celui des persécuteurs et celui des persécutés ! Pour le moment la joie et la gratitude y suffisent! Les émigrés surpris et reconnaissants, les Jacobins éblouis et calmés composent les conseils du prince, remplissent ses salons, se disputent ses faveurs. Mais demain, la réflexion venue? on tâcha d'y pourvoir. En même temps qu'il entourait son trône de l'éclat des noms de la vieille noblesse à qui ses titres et ses biens non vendus étaient en majeure partie restitués, Napoléon créait, dans le double but de récompenser ses serviteurs et de leur faire agréer les combinaisons de sa politique, une nouvelle noblesse. Les maréchaux et les ministres devenaient princes ou ducs, les généraux, les conseillers d'état et les préfets, comtes et barons, le reste était décoré de chevalerie personnelle. Des dotations et des majorats étaient attachés aux titres de noblesse, les grades de chevalerie comportaient des pensions viagères.

Favorablement accueillies dans le monde officiel et dans l'armée, et, ce semble, approuvées par l'opinion générale, ces mesures de réparation et d'édification sociales n'allaient point cependant jusqu'à apaiser le frémissement de toutes les colères et de toutes les antipathies. A la moindre ouverture, prêtres et idéologues, révolutionnaires et royalistes, étaient prêts à éclater l'un contre l'autre en injures atroces, présages de représailles terribles. Après tant de spoliations et de violences, pour faire vivre ensemble bourreaux et victimes, spoliés et spoliateurs, vainqueurs et vaincus, la dictature, toujours armée et toujours agissante, parut à l'Empereur une nécessité.

De là le double reproche adressé à Napoléon, héritier d'une révolution opérée au nom de la liberté et de l'égalité, appelé au trône avec mandat exprès de les faire régner avec lui, de les avoir répudiées l'une et l'autre, en livrant dans ses institutions tout au pouvoir et rien à l'initiative des citoyens, en créant une nouvelle noblesse après avoir rendu l'existence à l'ancienne. Ces reproches ne sont pas sans fondement; et si l'on songe aux luttes qui, Napoléon tombé, attendent le principe d'égalité, si l'on songe à l'abdication nationale qui suivit l'empire et qui le laissa seul, en fin de compte, aux prises avec l'étranger, on se dit qu'il y eut faute politique de la part de Napoléon de n'avoir pas associé davantage la France à ses destinées en l'admettant à un partage plus complet du pouvoir, faute non moins grave d'avoir relevé des distinctions sociales là où avait passé le niveau révolutionnaire.

Si l'empire dut à sa politique intérieure de voir au jour de péril la solitude se faire autour de lui, et le pays se désintéresser de son sort, il ne périclita pourtant que par sa politique au dehors. Oubliant sur ce point la sagesse qui tient compte des faits et du temps dans ses œuvres, il fut le continuateur pur et simple, avec d'autres desseins, de la politique républicaine ; à la guerre de propagande sans mesure il fit succéder les combats de domination sans fin. Après des triomphes extraordinaires, la male heure arriva et la chute en sa compagnie. Mais, et c'est ici qu'on s'aperçut du mérite fondamental d'un gouvernement populaire dans son principe et national dans ses buts en dépit d'erreurs accessoires, la défaite de l'empire fut déplorée, non-seulement comme un désastre pour la patrie humiliée dans ses armes et réduite dans son territoire, mais comme la défaite de la révolution.

V

La restauration qui lui succéda eut contre elle son origine antinationale et antirévolutionnaire. En vain donna-t-elle la charte comme une triple garantie d'oubli, d'égalité et de liberté. On lui reprocha d'avoir fait un octroi au lieu de se lier par un pacte, d'amnistier la France en place des émigrés qui, seuls coupables, seuls avaient besoin de clémence. Et devant l'explosion de sentiments haineux et de violent retour vers les choses d'autrefois qui éclataient dans le clergé et la noblesse accompagnés de vengeances populaires et d'exécutions militaires, la nation ne se tint pas pour assurée de ses conquêtes. En vain le pouvoir royal, instruit par des leçons anciennes et récentes, voulut-il faire la part égale aux éléments en lutte, par le mariage des deux aristocraties féodale et impériale dans la chambre des pairs, par des mesures réparatrices pour le passé et libérales pour le présent. Il fut emporté dans la guerre intestine que se livraient sous sa main deux peuples ennemis auxquels toute concession politique servait d'arme nouvelle de combat.

On entendit alors les deux camps se jeter ces paroles comme des défis. « Vous êtes un peuple pour qui tout est de grâce, disait au nom de la noblesse le comte de Montlosier; nous, un peuple pour qui tout fut de droit avant qu'il eût été dépouillé par les rois qui commencèrent l'œuvre de rapine, par la révolution qui l'acheva. » « Oui, répliquait M. Guizot, champion de la bourgeoisie, la révolution a été une guerre, la vraie guerre, telle que le monde la connaît entre peuples étrangers. Depuis plus de treize siècles, la France en contenait deux : un peuple vainqueur et un peuple vaincu. Notre histoire est l'histoire de cette lutte. De nos jours, une bataille décisive a été livrée; elle s'appelle la révolution. »

La royauté, après une longue et louable résistance, finit par se mettre à la tête du peuple de l'ancien régime, un moment victorieux dans les chambres. Ce jour-là, oubliant la tradition française pour l'exemple anglais, l'objectif monarchique pour l'objectif aristocratique, elle présenta et promulgua successivement la loi électorale instituant les grands colléges pourvus d'un double vote, la loi des substitutions, celles du droit d'aînesse et du sacrilége. La noblesse et le clergé triomphaient, triomphe de courte durée qui ne fit reculer le flot grossissant de la révolution que pour le faire monter plus haut, si haut qu'il submergea et enleva tous les obstacles jusqu'à la royauté qui, à son tour, avait voulu lui imposer barrière.

VI

La monarchie aristocratique et de droit divin renversée avec la branche aînée des Bourbons, une monarchie bourgeoise et parlementaire fut édifiée au profit de la branche cadette. Cette royauté nouvelle, issue de la victoire des classes moyennes, couronnée par les chambres sans mandat du peuple, hérita aussitôt de tous les embarras de sa naissance révolutionnaire sans être nationale. Mal vue au dehors par les souverains étrangers à cause de son principe, dominée à l'intérieur par le parlement qui lui imposait ses ministres et lui disputait une à une ses prérogatives, elle fut réduite en Europe à s'effacer et à craindre, et, à l'intérieur, obligée d'obéir, humblement soumise aux vues et aux intérêts bourgeois, enchaînée aux mouvements des partis dynastiques et aux combinaisons des ambitieux. Elle vécut ainsi d'une vie d'humiliations, de compositions et d'effacements dont elle souffrit la première dans son prestige et dans sa force; et le pays dans sa gloire compromise et sa fortune arrêtée. Tenue à l'écart par la Russie, contrainte à laisser l'Autriche maîtresse en Italie, la royauté de juillet subissait toute loi pour échapper à tout orage, acceptait les traites des Etats-Unis et de l'Angleterre, payait à ceux-là vingt-cinq millions, à celle-ci l'indemnité Pritchard, et de plus soumettait notre marine à la visite de ses vaisseaux. Incapable de tenir haut et ferme le drapeau national, elle ne le fut pas moins de servir les intérêts généraux du pays. Elle ne put, malgré son désir, ni exécuter les grandes lignes de chemins de fer, ni soustraire le commerce à l'oppression des tarifs prétendus protecteurs de l'industrie et qui ne l'étaient en réalité que de quelques intérêts particuliers contre l'intérêt commun et des attardés du progrès contre la civilisation en marche.

Aussi, après dix-sept ans de règne, sauf ce qu'on appela *les satisfaits*, elle n'avait réussi à contenter personne. La noblesse et le clergé restaient irréconciliés, la petite bourgeoisie, exclue des faveurs, réclamait une réforme électorale, et les masses ouvrières mécontentes se convertissaient à l'idée de république. Exclues de toute participation au gouvernement, de toute représentation dans l'Etat, celles-ci néanmoins, à part un petit nombre d'hommes remuants, secrètement enrégimentés sous le drapeau du vieux jacobinisme, s'étaient jusqu'alors montrées indifférentes à la politique. Préoccupées de l'amélioration de leur sort matériel, elles ambitionnaient non un changement de pouvoir, mais une révolution sociale.

Après Robespierre, Saint-Just, Hébert, Gracchus Babeuf, après l'ère révolutionnaire des tribuns élevés à l'école de Rousseau et des républiques antiques, une race de nouveaux socialistes était venue qui appelait les regards de ses adeptes, non vers le passé, mais vers l'avenir, qui ne les conviait plus aux vertus farouches de l'ignorance, de la frugalité et du dénûment de Sparte, mais au banquet des arts, de la science et du luxe en toutes choses, à l'expansion des facultés, au contentement des appétits humains, en d'autres termes à la création illimitée de la richesse pour la satisfaction universelle des besoins. Selon les récents systèmes, les Ecritures mentaient : Eden n'était pas derrière nous, il était devant nos pas, nous y marchions ; il ne devait plus être l'objet de nos regrets et de notre désespoir, mais celui de nos espérances et de notre conquête.

Entre ces systèmes, dont l'un, intitulé passionnel, prêchait l'attraction universelle, gouvernant d'une égale loi les astres et les hommes; dont l'autre, pythagoricien et panthéiste, enseignait la transformation ascensionnelle des êtres, les révélations successives de Dieu dans l'humanité, le secret des mystères chrétiens, et en particulier la communion fraternelle des corps et des esprits figurée sous les espèces du pain et du vin ; dont celui-ci promulguait la loi sociale en ces termes : *Chacun suivant ses capacités, à chacun suivant ses besoins;* dont celui-là, imbu de christianisme, entrevoyait la prochaine réalisation de cette parole du divin Maître : *Que votre royaume arrive sur la terre comme au ciel;* entre ces utopies diverses, un système se distinguait qui, dégagé de sa partie dogmatique et sacerdotale, ramené au seul point de vue industriel, avait à la fois une portée moins haute et plus pratique, le Saint-Simonisme. *L'association du capital, du travail et du talent,* telle était sa solution du problème social.

Quand les masses ouvrières, instruites aux écoles que voilà, imbues de socialisme, cessèrent de se désintéresser des affaires publiques, qu'elles passèrent de la bannière de la démocratie pacifique, longtemps leur drapeau, sous celle de la démocratie militante, que, quittant l'atelier pour la rue, on les entendit crier avec la petite bourgeoisie, mais sous l'inspiration des sociétés secrètes : *Vive la réforme!* ce jour-là, la royauté bourgeoise et parlementaire de Louis-Philippe avait vécu, et la république ressuscitait.

VII

A peine la révolution républicaine du 24 février eut-elle éclaté, qu'éclatait au grand jour son caractère socialiste. Le premier décret signé par le gouvernement provisoire portait que les Tuileries serviraient désormais d'asile aux invalides du travail. Dès le lendemain 25 février, le gouvernement s'engageait : à garantir l'existence de l'ouvrier par le travail ; à garantir du travail à tous les citoyens. Il reconnaissait, en même temps, la nécessité des associations ouvrières dans le but de leur assurer la jouissance entière des produits de leur labeur. Le décret, un vrai leurre, allait plus loin ; il saluait une royauté qui n'était pas celle de la nation et constituait ainsi la dotation de la nouvelle couronne : « Le gouvernement provisoire rend aux ouvriers, auxquels il appartient, le million qui va échoir de la liste civile. »

La flatterie était grosse et les promesses grandes, qu'en résulta-t-il ? Une commission d'organisation du travail siégeant au Luxembourg sous la direction de Louis Blanc et d'Albert, membres du gouvernement provisoire ; deux décrets : l'un, réduisant d'une heure la journée de travail et abolissant le marchandage, c'est-à-dire l'intermédiaire des sous-entrepreneurs ; l'autre, disposant que le palais du Louvre serait achevé et qu'il porterait le nom de palais du peuple, en réalité l'unique établissement d'ateliers nationaux employés à des travaux sans utilité, et faisant si peu de travail qu'il y fallut remplacer la journée par la tâche, puis les dissoudre au risque de la plus terrible guerre civile qui eût été encore déchaînée sur Paris à l'effroi de la France et de la civilisation.

Et pour en venir à de si douloureuses fins, sous prétexte de réorganisation du travail, on l'avait désorganisé. Les ateliers étaient fermés, les affaires interrompues, les caisses publiques vides, tous les intérêts en désarroi. Il suffit de feuilleter le bulletin des lois pour en acquérir la preuve. Un décret institue dans chaque mairie de Paris un bureau de renseignements pour les offres et demandes de travail; un autre porte création, à Paris et dans les villes industrielles et commerciales, de comptoirs nationaux d'escomptes par le triple concours de l'Etat, des communes et du commerce; un autre autorise le ministre des finances à répartir soixante millions entre les divers établissements de crédit de Paris. En dépit de ces mesures et d'autres de même nature, rien ne se relève, et l'on est obligé, d'une part, de donner sursis sur sursis au commerce et à l'industrie pour le payement de leurs effets, et de suspendre temporairement l'exercice de la contrainte par corps; d'autre part, d'imprimer cours forcé aux billets de la banque de France avec dispense de l'obligation de les rembourser en espèces, dispense étendue bientôt aux banques départementales. L'Etat n'a pas plus d'argent que les particuliers. Dans l'impossibilité de faire face à ses engagements à courte échéance, il est obligé de décider, grave mesure vis-à-vis de leurs porteurs généralement malaisés, qu'au dessous de 100 francs, les livrets des caisses d'épargne seront remboursés partie en espèces, partie en bons du trésor, partie en coupons de rentes 5 p. 100, et que les bons du trésor seront entièrement liquidés en coupons. Cela même ne suffit point, et le gouvernement provisoire dut décréter : 1° l'aliénation des diamants et de l'argenterie de la couronne; 2° des bois, forêts, terres et fermes de la liste civile; 3° d'une partie des forêts de l'Etat; 4° un emprunt national de cent millions de francs; 5° un impôt de 45 centimes sur les quatre contributions directes; 6° une retenue proportionnelle sur les traitements, pensions et dotations payés sur les fonds de l'Etat.

Tout est atteint par la misère qui monte et le discrédit qui l'accompagne. Des décrets placent sous séquestre les chemins de fer d'Orléans et du Centre, mettent dans la main du ministre de la marine les paquebots transatlantiques. Il le faut pour assurer le service des transports par terre et par mer, les compagnies n'en ayant plus le pouvoir, dit le gouvernement. L'argent devenu rare, son intérêt augmente. L'Etat est obligé de se libérer de ses engagements au cours des fonds du jour, c'est-à-dire qu'il payera en intérêts près de 10 p. 100 du capital qu'il délivra. Les départements subissent une loi moins dure pour les emprunts contractés par eux, si nous en croyons la loi qui les autorise à en élever les intérêts à 5 p. 100 seulement. Il est vrai qu'il y avait ici convention à un taux inférieur, et que la dureté du temps explique à peine le changement de l'obligation au bénéfice de l'engagé !

Voilà ce qu'il advint des mesures sociales du gouvernement de février. Sur le chapitre de la politique, fut-il mieux inspiré et plus heureux ? En politique intérieure il accomplit une grande chose ; il substitua au suffrage restreint, à l'électorat fondé sur le cens, le suffrage universel, l'électorat établi sur la seule qualité de Français. Actes moins glorieux et surtout de moindre fortune, il abrogea la loi du 9 septembre 1835 sur les délits de presse, et laissa à peu près libre carrière aux écrits et aux discours, aux clubs et aux journaux. A cela près, le gouvernement provisoire se constitua, vécut et agit dictatorialement.

S'attribuant tout le pouvoir politique, il suspendit et révoqua la loi, établit l'impôt et en disposa, le tout par décrets. A ses agents il donna de pleins pouvoirs. Les ministres reçurent le droit de régler les affaires de leur ministère sans recourir plus haut. Le maire de Paris, débarrassé du conseil général de la Seine et du conseil municipal de la cité, fut chargé, sans aucune assistance, d'assurer la marche des services départementaux et d'établir définitivement le budget urbain en recettes et dépenses. Les commissions de surveillance écartées et non remplacées, les caisses d'amortissement et des dépôts et consignations furent placées sous la direction immédiate du ministre des finances. D'une puissance non moins absolue étaient revêtus les commissaires délégués dans les départements. On les vit frapper de suspension les magistrats inamovibles, intervenir dans les transactions commerciales, établir des impositions sur les villes et les départements, mesures excessives dont plusieurs durent être rapportées.

Ces abus de pouvoir, suites inévitables des dictatures révolutionnaires, ne se produisirent pas seulement en province, mais à Paris, et ici, perdant leur caractère local et d'effet, ils prirent un caractère général et de cause. Deux circulaires parties du ministère de l'Intérieur, l'une à la date du 7 mars, l'autre du 6 avril, effrayèrent justement le pays. La première définissait ainsi les pouvoirs des commissaires du gouvernement : « Quels sont vos pouvoirs? Ils sont illimités. Agents d'une autorité révolutionnaire, vous êtes révolutionnaires aussi. La victoire du peuple vous a imposé le mandat de faire proclamer, de consolider son œuvre. Pour l'accomplissement de cette tâche, vous êtes investis de sa souveraineté; vous ne relevez que de votre conscience, vous devez faire ce que les circonstances exigent pour le salut public. »

La seconde offrait encore plus de gravité, en ce qu'elle s'attaquait directement au principe même de la révolution, la souveraineté populaire, par la prescription très-formelle, faite aux commissaires du gouvernement, de peser sur le choix des électeurs et d'imposer aux candidats un programme dicté d'autorité, une sorte de mandat impératif révolutionnaire. Les

portes de l'Assemblée nationale, mandait Ledru-Rollin, doivent
être fermées à « ceux qui ont adopté l'ancienne dynastie et ses
trahisons, à ceux qui limitaient leurs espérances à d'insigni-
fiantes réformes électorales, à ceux qui prétendaient venger
les mânes des héros de février, en courbant le front glorieux
de la France sous la main d'un enfant. » Celui-là seul doit
être « revêtu du pouvoir souverain d'interpréter et de traduire
l'intérêt et la volonté de tous... qui ne reculera devant aucune
des conséquences du triple dogme de la liberté, de l'égalité et
de la fraternité, d'où découlent : l'abolition de tout privilége,
la répartition de l'impôt en raison de la fortune, un droit pro-
portionnel et progressif sur les successions, une magistrature
librement élue et le plus complet développement de l'institution du jury, le service militaire pesant également sur tous,
une éducation gratuite et égale pour tous, l'instrument du travail assuré à tous, la reconstitution démocratique de l'industrie
et du crédit, l'association volontaire partout substituée aux
intérêts désordonnés de l'égoïsme. »

Telles étaient la loi d'ostracisme et la charte mi-partie sociale et politique dictées d'avance au peuple souverain par des
hommes qui, devenus maîtres de la France par surprise, et
qui, gouvernant la nation sans mandat requis, au lieu de solliciter de sa part un verdict d'indemnité, osaient lui faire un devoir du partage de leurs haines et de l'adoption de leurs principes. Le pays n'accepta ni cette violence ni les ordres qui lui
étaient signifiés, et les élections tournèrent contre ceux qui
avaient voulu user de contrainte et de commandement. Du
jour où s'assemblèrent les comices populaires date un mouvement de réaction contre le fait de février qui ne s'arrêtera
que sous l'empire et l'autorité du prince, et qu'accélérèrent
en attendant la violation de l'Assemblée constituante au mois
de mai par l'invasion des clubs et les terribles journées de juin

qui succédaient immédiatement à la dissolution des ateliers nationaux. Avant toutefois de se mettre à sa tâche réparatrice, l'Assemblée promulguait, par une résolution du 1er juin et sous forme de vœux, le programme de politique extérieure de la Révolution, dans les termes suivants : « Pacte fraternel avec l'Allemagne, reconstitution de la Pologne indépendante et libre, affranchissement de l'Italie. »

Cette proclamation de règles de conduite faite pour la satisfaction de l'opinion, on pourvoyait, sans s'en préoccuper autrement, aux pressantes nécessités de l'ordre public. Le 9 juin, loi interdisant les attroupements sur la voie publique ; le 25, arrêté défendant les affiches traitant de matières politiques ; le 27, décret sur la transportation dans les possessions françaises d'outre-mer des individus ayant pris part à l'insurrection du 23 juin ; le 22 juillet, décret sur la formation de 300 bataillons de garde nationale mobile ; le 28 juillet, arrêté réglementant les clubs ; 9 août, décret relatif aux cautionnements des journaux et écrits périodiques ; 11 août, décret pour la répression des crimes et délits commis par la voie de la presse. Dans le même intérêt d'ordre qui exige l'unité d'autorité et de commandement, l'assemblée confie le pouvoir exécutif au général Cavaignac qui, à son tour, nomme général en chef des gardes nationales de la Seine le général Changarnier.

Si grâce à ces mesures et à l'état de siége, qui ne sera levé que le 19 octobre, la paix est rétablie dans les rues, il en faut d'autres pour relever le crédit de sa ruine, rendre à l'ouvrier son travail, le guérir de ses illusions sans les heurter et lui donner du pain en attendant. L'Assemblée et le gouvernement s'y emploient de leur mieux. Pour procurer des ressources au trésor, on consolide les bons du trésor en rentes au cours, le 3 p. 100, de cinquante-cinq francs, et le 5 p. 100, de quatre-vingt, on autorise le trésor à emprunter à la banque cent cinquante millions, à compléter l'emprunt de 250 millions précédemment émis et qui n'a été souscrit qu'en partie, car tel est le crédit de l'Etat sous la république ! Afin de ramener le travail pour l'ouvrier et l'ouvrier au travail, on exempte pendant dix ans d'impôt les bâtiments qui seront commencés avant le 1er janvier 1849, on vote des secours pour les différentes industries qui se rattachent au bâtiment, en même temps qu'on ouvre un crédit de trois millions à répartir entre les associations librement contractées, soit entre ouvriers, soit entre ouvriers et patrons, et que le ministre des travaux publics est autorisé à adjuger ou concéder aux associations d'ouvriers les travaux qui pourraient l'être. Autres crédits pour l'encouragement des lettres, des beaux-arts et des théâtres de Paris en grande souffrance aussi. Pour le soulagement de la misère, soit dans la Seine, soit dans les départements, décrets divers, qui se renouvellent jusqu'à trois fois en sept mois, lamentable liquidation de si superbes espérances ! Quelques décrets notables du gouvernement provisoire sont rapportés relatifs, l'un à la suspension de la contrainte par corps, l'autre à l'abolition des droits de perception sur la viande à Paris, celui-ci à la suppression de la commission de surveillance pour les caisses d'amortissement et des dépôts et consignations.

VIII

Cependant des événements, gros de conséquences futures, ont eu lieu, la nomination, d'abord, de Louis Napoléon comme représentant du peuple qui a obligé l'Assemblée d'abroger l'art. 6 de la la loi du 10 avril 1832 relatif au bannissement de la famille Bonaparte ; puis la promulgation, le 6 novembre 1848, de la constitution de la république dont l'art. 45 porte :

« Le président de la république est élu pour quatre ans, et n'est rééligible qu'après un intervalle de quatre années ; » enfin la nomination de Louis-Napoléon à la présidence de la république. A peine a-t-il pris possession de sa charge par sa prestation de serment, que celui qu'on nomme déjà le prince, que l'élu qui a rassemblé sur sa tête, malgré l'influence contraire de l'administration, près de six millions de suffrages, trace, en quelques paroles, ce qui sera le programme de son règne : « Nous avons, citoyens représentants, une grande mission à remplir, c'est de fonder une république dans l'intérêt de tous, et un gouvernement juste, ferme, qui soit animé d'un sincère amour du progrès, sans être réactionnaire ou utopiste. »

Mais l'heure n'est pas venue où la volonté de l'élu du 10 décembre prévaudra. L'assemblée qui a eu le désir sinon la force d'exclure son nom de la liste des candidats, qui, en prévision de son élection, a mesuré d'une main avare le temps et les prérogatives d'un pouvoir qui ne peut être renouvelé, qui l'a réduit, en se réservant, avec le droit d'édicter les lois, l'approbation des traités et des guerres, à être l'exécuteur pur et simple au dedans et au dehors de ses ordres, qui a fait de la Constitution en haine de lui un code de méfiance pour le pouvoir exécutif, prévoyant ses attentats, instituant d'avance le tribunal pour les juger et le saisissant d'office du coupable présumé à peine de forfaiture, cette assemblée ne lui permettra rien, rien que l'obéissance. Bien plus, elle engagera contre lui la lutte et le contraindra à la défensive.

Dès le 3 mars, les hostilités commencent. On discute la loi organique du conseil d'Etat, un véritable conseil de gouvernement, chargé de seconder le pouvoir, dans la préparation des projets de loi, dans la confection des règlements d'administration, dans l'examen et l'appréciation des actes administratifs. Quelle part va-t-on accorder au président dans l'institution de ce conseil, son coopérateur nécessaire? Aucune. L'élection des conseillers d'Etat sera faite par le pouvoir législatif sur une liste de candidature dressée par une commission parlementaire. La nomination des auditeurs aura lieu au concours, et si les maîtres des requêtes sont nommés par le président de la république, son choix est dicté d'avance par la liste de candidature où il doit se renfermer et qui est dressée double par le président du conseil et les présidents des sections. En vain un député, M. Brunet, demande-t-il, qu'à côté de la liste des candidats parlementaires pour les conseillers d'Etat, le pouvoir exécutif puisse soumettre la sienne aussi au choix de l'assemblée législative; en vain M. Bouhier de l'Ecluse montre-t-il le danger qu'un corps aussi puissant que le conseil d'Etat, qui participe des deux puissances législative et exécutive, soit admis en fait à se recruter lui-même par voie de népotisme, l'Assemblée constituante est sourde, ou plutôt elle n'écoute que sa haine, elle combat.

Le conflit engagé s'étend du reste sur tous les points et a lieu pour toute cause; à propos de la nomination du général Changarnier au commandement réuni de la garde nationale de la Seine et de l'armée de Paris, à propos d'une réquisition du questeur Lebreton qui n'est pas obéie par le général Forey, à propos de l'expédition de Rome qu'avait voulue Cavaignac et qu'on dit aujourd'hui détournée de son but, à propos de l'effectif de l'armée qu'on voudrait réduire de 74,000 hommes, au moment même où l'on réclame de l'Assemblée une véritable déclaration de guerre de sa part, au sujet de l'intervention de la Russie en Hongrie, de l'occupation de l'Italie centrale par Naples, de l'Italie du Nord et de la citadelle d'Alexandrie par l'Autriche. Mais qu'importent les contradictions aux radicaux de la Constituante, à des ennemis passionnés qui ne reculeront pas même devant la révolte ouverte. Sur la nouvelle que l'armée française occupe Rome, c'est-à-dire qu'elle élève en Italie le drapeau du pays au milieu des drapeaux rivaux de Naples et d'Autriche, ils déposent sur le bureau de l'Assemblée nationale une demande de mise en accusation contre le président et ses ministres, promptement suivie d'une tentative d'insurrection.

IX

Entre la demande insensée et la tentative coupable toutefois, l'Assemblée constituante avait cessé de siéger et l'Assemblée législative s'était réunie. Par suite de cette substitution d'une nouvelle assemblée à l'ancienne, l'accord des pouvoirs se renoue momentanément. Dans leur alliance, ils pourvoient d'abord au plus pressé, aux mesures d'ordre public. Les villes de Paris et de Lyon et leurs circonscriptions militaires sont mises en état de siége, les clubs sont interdits, le double commandement du général Changarnier est confirmé, une loi crée dans les départements des commandements de la même nature, des lois sur l'état de siége, sur la presse et contre les coalitions d'ouvriers et de patrons sont édictées, deux lois enfin ont pour objet : l'une, la transportation des insurgés de Juin en Algérie, l'autre, la déportation à Noukahiva des condamnés qui eussent encouru autrefois la peine de mort en matière politique.

Après les mesures de répression, celles de réparation. Un décret du président lève les suspensions prononcées par le gouvernement provisoire contre les magistrats inamovibles des tribunaux, une loi relève de la retraite sur leur demande les officiers qui y ont été admis d'office par le gouvernement provisoire, une autre réintègre dans leurs fonctions les magistrats de la Cour des comptes révoqués par décret du 1er mai 1848, lois de justice succédant à la loi récemment promulguée sur l'organisation judiciaire qui a maintenu les tribunaux existants et les magistrats qui les composent. Ce fut aussi une loi de réparation et de justice que la loi qui déclara disponibles, à l'égal des sommes portées sur les livrets ordinaires, les sommes portées aux livrets spéciaux créés en exécution de l'art. 1er de la loi du 21 novembre 1848, qui en imputa le remboursement en capital et intérêts sur les ressources de la dette flottante.

Cette loi prouvait aussi la renaissance du crédit que démontrent, d'autre part, la limitation des versements aux caisses d'épargne, capital et intérêts, à mille francs, et l'abaissement de l'intérêt à quatre et demi ; la loi créant, sous la garantie de l'Etat, une caisse de retraites ou rentes viagères pour la vieillesse ; les lois ordonnant la démolition et l'acquisition par l'Etat des propriétés comprises entre le Louvre et les Tuileries et la prolongation de la rue de Rivoli, de la rue de Rohan à la rue de la Bibliothèque, la restauration et l'agrandissement du Conservatoire des Arts et Métiers, la loi qui ouvre des crédits pour l'établissement de sept grandes lignes de télégraphie électrique, les lois relatives à l'établissement de quelques petites lignes de chemins de fer.

Du concert des pouvoirs sortirent encore les lois et décrets qui instituèrent la liberté de l'enseignement primaire et secondaire, la suppression des certificats d'études, les facilités accordées aux communes et aux départements pour les concessions de bâtiments et de subventions aux évêques pour la création d'écoles libres, la reconnaissance de l'association enseignante des Maristes comme établissement d'utilité publique, la loi sur l'admission et l'avancement dans les fonctions publiques qui réserve une certaine quantité d'emplois aux anciens militaires des armées de terre et de mer, la loi, favorable au crédit, prescrivant la publicité des contrats de mariage, enfin les lois d'humanité, d'honnêteté et de vraie démocratie relatives à l'assainissement des logements insalubres, à l'assistance judiciaire, à la consécration publique des sociétés de secours mutuels, aux monts de piété, aux contrats d'apprentissage, à l'éducation et au patronage des jeunes détenus, aux mariages des indigents et à la légitimation de leurs enfants naturels, à la répression du délit d'usure et des fraudes commises dans la vente des denrées alimentaires, à la réserve au profit des conducteurs des ponts et chaussées d'un sixième des emplois d'ingénieurs. Mesures louables à des degrés divers que le président couronnait d'un décret inattendu au profit de la liberté religieuse, en autorisant les archevêques et évêques de France à tenir des conciles métropolitains et des synodes diocésains.

X

Malheureusement l'harmonie féconde d'où résultait ce travail tout à la fois de rénovation et de restauration sociales, troublée déjà, allait tourner au discord absolu. Le pouvoir exécutif avait eu à lutter contre l'hostilité de l'assemblée constituante qui le soupçonnait de projets antirépublicains, il est contraint de lutter contre l'assemblée législative animée de sentiments contraires, en élaboration latente de plans de restauration orléaniste ou légitimiste. La république de février avait été une surprise, on voulait s'en défaire par une intrigue. La majorité royaliste du palais Bourbon affichait hautement ses intentions à cet égard ; sa division de vues et d'objets s'opposait seule à une tentative ouverte. Les chefs des deux fractions monarchiques louvoyaient en attendant. Ils disaient même dans les moments d'échec par la bouche de M. Thiers : « Restons en république, c'est encore le gouvernement qui nous divise le moins, » mais sans rien abdiquer de leurs vœux secrets et de leurs desseins voilés un moment. Ils poursuivaient leur but, au contraire, avec une ténacité qui ne se lassait point et une audace surprenante. Un projet était à l'étude qui ne tendait à rien moins qu'à remplacer l'œuvre de centralisation française, jugée trop favorable à l'égalité, par l'ancienne organisation provinciale reprise et remaniée au profit des influences locales. On avait par la loi du 15 mars 1849 qui soumettait l'exercice du suffrage universel à des conditions de domicile et à des constatations qui devaient grandement diminuer le nombre des électeurs, indirectement attenté à la première loi de la constitution et du pays. Le terrain ainsi préparé par ces mesures et d'autres semblables, les partis royalistes se croyaient si fermement assurés du succès qu'ils ne cachaient plus ni leurs espérances, ni leurs visées, ni leurs moyens. Qu'on en juge.

M. Guizot, un homme d'Etat vieilli au pouvoir, avait en 1837 publié dans la *Revue française* une étude historique sur *Monk*, le restaurateur des Stuart en 1660 ; il jugea le moment opportun pour la publier en volume, et, tout en se défendant de proposer l'Angleterre à l'imitation de la France, il posait dans sa préface les questions que voici : « La république peut-elle être fondée ? — La monarchie peut-elle être rétablie ? — Quelle monarchie ? l'empire ou la maison de Bourbon ? Quelle branche de la maison de Bourbon ? l'aînée ou la cadette ? ou toutes deux ensemble ou de concert ? » — Pour qu'on ne se méprît pas sur sa pensée, l'illustre historien ajoutait : « On disait aussi en Angleterre, il y a deux cents ans, que la monarchie avait disparu sans retour, et que la république seule était possible. Monk reconnut que cela était faux. Il crut à la monarchie quand la république subsistait, quand autour de lui, sincèrement ou hypocritement, et lui-même comme les autres, tous ne parlaient que de la république. Et dès qu'après la mort de Cromwel et la chute de son fils Richard, la question fut réellement posée entre les deux gouvernements, Monk se décida pour la monarchie. »

Etait-ce clair? Pas assez, au sentiment de M. Guizot, car il insistait dans sa réponse. « Déjà, disait-il, *à l'ombre d'un grand nom*, le pays s'est arrêté. Mais une halte salutaire n'est pas le salut... Il faut que la France se relève. *Washington* ou *Monk*, il lui faut l'un des deux pour se relever. » Et l'alternative posée ne suffisait point au grand amour d'évidence qui animait l'écrivain. Il publiait, pour mieux se faire entendre d'un public assez éveillé pourtant, le public français, une lettre adressée, quinze jours avant la restauration de Charles II, par Richard Cromwell à Monk : « Afin, lui dit-il, que, lorsque le parlement sera réuni, vous veuillez bien faire usage de votre crédit en ma faveur, pour que je ne reste pas sujet à des dettes que ni Dieu ni ma conscience, j'en suis certain, ne peuvent regarder comme miennes... Car j'ai en vous cette confiance que, si je dois moi-même me juger peu digne de grandes choses, vous ne me jugerez pas digne d'une ruine complète. »

Le livre de M. Guizot, ou plutôt sa préface, fit bruit dans les salons et dans les journaux. Le mot de l'énigme, s'il pouvait y avoir énigme pour quelqu'un après d'aussi amples explications, circulait sur toutes les bouches. Washington impossible depuis la défaite électorale du général Cavaignac, restait Monk, en présence de Richard Cromwell. Pousser et favoriser celui-là dans son double jeu d'agent du pouvoir et d'agent des partis royalistes, dans ses temporisations calculatrices; évincer doucement celui-ci en le désintéressant de la chose publique par l'avantage particulier; s'emparer de l'Etat, *sans effusion de sang*, selon la devise de Monk; telle était, tout voile déchiré, la spéculation mystérieusement avouée sous le couvert de l'histoire par un homme d'Etat qui, à leurs heures, les ayant toutes les deux servies, se faisait l'entremetteur d'office des deux branches de la maison des Bourbons.

Pendant que les factions monarchiques se flattaient d'écarter du gouvernement le président de la République, et se confiaient, pour le placer subrecticement sous la main soit du comte de Chambord, soit du comte de Paris, dans le général qui commandait l'armée et la garde nationale de la Seine ; en minorité dans l'Assemblée législative, mais assuré de son aptitude pour les soulèvements, et comptant sur l'expiration, à échéance fixe, de la présidence qui énerverait forcément un pouvoir en déshérence, le parti républicain se remuait et agitait le pays. Les intérêts et les gens tranquilles s'alarmaient, cependant, dans la prévision d'une guerre civile, et l'on sentait, à dire vrai, que l'orage approchait aux frémissements de l'air. Dès le mois de septembre, le département de l'Ardèche devait être mis en état de siége ; le mois d'après, venait le tour des départements du Cher et de la Nièvre.

Situation perplexe pour le chef du pouvoir exécutif ! D'un côté, son serment le liait à la République, dont il était le premier magistrat ; d'un autre côté, les sept millions de suffrages obtenus par lui, et qui lui avaient été donnés sur la foi de son nom et des promesses qui s'y attachaient, l'élection de la majorité monarchique qui dominait dans l'Assemblée législative, lui montraient clairement où étaient les vœux du pays. Devait-il résister aux désirs nationaux qui réclamaient un autre ordre de choses, au peuple qui, en l'élisant, lui avait confié le mandat tacite de rétablir l'empire ? Devait-il, lui, l'élu par excellence, lui, l'héritier de Napoléon, choisi à ce titre, abaisser devant les partis royalistes, coalisés pour détruire et divisés pour réédifier, la grandeur des souvenirs subsistants en sa personne et les faisceaux du pouvoir reçus de la France? Il ne le pouvait point sans méconnaître, au premier cas, la volonté manifeste et presque unanime de la nation, et, au second, à moins de convenir, avec ses ennemis, qu'il n'était vraiment que l'*ombre d'un grand nom.*

Il s'efforça, toutefois, de concilier son devoir officiel avec son devoir envers le peuple. Une prorogation de pouvoir fut demandée pour lui à l'Assemblée législative; sur le refus éprouvé, refus qui livrait, à échéance fixe, le gouvernement aux contentions des partis, la France à l'anarchie sociale, le président de la République n'avait plus qu'une chose à faire, pourvoir au salut public. Le 11 janvier 1851, en réponse aux manœuvres royalistes, paraissait au *Moniteur* un décret rapportant les décrets des 20 décembre 1848 et 13 juin 1849, qui avaient réuni le commandement supérieur des gardes nationales de la Seine et des troupes de la première division militaire dans les mains du général Changarnier. Le 2 décembre suivant, l'Assemblée législative, qui avait mutilé le suffrage universel, était dissoute, et le suffrage, restitué dans son intégrité, appelé à décider de sa cause et de celle du président de la République. Par là, le Pouvoir exécutif, selon une juste et mémorable parole, ne sortait de la légalité que pour rentrer dans le droit; il ne brisait les commissions de mandataires infidèles que pour se présenter avec ceux-ci devant le peuple: le principe atteint de la souveraineté nationale, témoin; le vote sans condition et sans exclusion, juge.

L'EMPIRE
JUGÉ PAR SES ACTES

PREMIÈRE PARTIE

POLITIQUE INTÉRIEURE

CHAPITRE I

Appel au peuple. — Présidence décennale. — Nouvelle constitution.
— Son caractère politique. — L'Empire est fait. — OEuvre qu'il
a à accomplir. — Tâches diverses. — Étapes successives.

Louis Napoléon à qui la constitution de 1849 et
les lois organiques, édictées en quelque sorte contre
lui, n'avaient laissé ni la somme d'autorité, ni la la-
titude de temps nécessaires pour la conception et
l'exécution des desseins qu'il méditait pour promouvoir l'intérêt de la patrie et soutenir l'honneur du

nom qu'il portait, qui, selon ses propres expressions
« impuissant à faire le bien, rendu responsable
d'actes qu'il ne pouvait empêcher, enchaîné au gou-
vernail quand le vaisseau courait vers l'abîme, »
n'avait reçu du pouvoir que la charge sans les bénéfices, Louis Napoléon s'adressa au peuple en ses
comices, non-seulement pour lui demander un bill
d'indemnité, mais encore pour solliciter de lui une
prorogation de mandat et lui soumettre les bases
d'une nouvelle constitution, formulée sous les cinq
chefs suivants : un chef responsable nommé pour dix
ans ; — des ministres dépendant du pouvoir exécutif ;
— un conseil d'État formé des hommes les plus dis-
tingués, préparant les lois et en soutenant la discussion
devant le Corps législatif ; — un Corps législatif dis-
cutant et votant les lois, nommé par le suffrage universel, sans scrutin de liste qui fausse l'élection ; —
une seconde assemblée, formée de toutes les illus-
trations du pays, pouvoir pondérateur, gardien du
pacte fondamental et des libertés publiques. — L'appel du Président au peuple se terminait par ces paroles qui constataient, en même temps qu'une sou-
mission sans réserve au verdict national, la portée de
la mission sollicitée : « Si je n'obtiens pas la majorité
de vos suffrages, alors je provoquerai la réunion
d'une nouvelle assemblée, et je lui remettrai le mandat que j'ai reçu de vous. Mais si vous croyez que la
cause dont mon nom est le symbole, c'est-à-dire la
France régénérée par la révolution de 89 et organisée
par l'Empereur, est toujours la vôtre, proclamez-le

en consacrant les pouvoirs que je vous demande. »
Le peuple répondit à l'appel qui lui était adressé par
7,439.216 suffrages accordés contre 640,639 refusés,
et le 14 janvier 1852, la constitution, dressée en vertu
du mandat reçu, fut promulguée.

Cette constitution, dont les bases étaient emprun-
tées à la constitution de l'an VIII, mais qui en dif-
férait heureusement en bien des points, restituait au
chef de l'État son autorité en même temps que sa
responsabilité ; les ministres, simples agents de la
couronne, ne la couvraient plus ; instruments de sa
volonté, ils exécutaient ses ordres au lieu de lui imposer ceux du Parlement. A côté et au-dessous des
ministres, chargés des actes du pouvoir, siégeait le
conseil d'État élaborant, sous son inspiration directe,
les projets de loi, les transmettant au Corps législatif et les soutenant devant lui. Les chambres n'étaient
plus une doublure l'une de l'autre : chacune se
mouvait dans sa sphère propre et était pourvue
d'attributions en rapport avec sa nature. Au Corps
législatif, composé des députés de la nation, le vote
de l'impôt et l'acceptation des lois, un peuple libre
ne pouvant être taxé que par lui-même et recevoir
d'autres commandements que les siens. Au Sénat, élu
par le pouvoir exécutif sur ces titres : le nom illustre, la fortune, le talent, les services rendus ; ne
comptant de membres de droit que les cardinaux,
les maréchaux et les amiraux ; au Sénat, à qui l'inamovibilité de ses membres assure l'indépendance,
dont son mode de recrutement garantit la sagesse et

les lumières, appartient, avec la garde du pacte fondamental et des libertés publiques, le droit de s'op-
poser à la promulgation des lois inconstitutionnelles
et portant atteinte à la défense du pays, d'annuler
tout acte arbitraire ou illégal qui lui serait déféré ou
dénoncé par le gouvernement ou par les citoyens. Le
Sénat, gardien de la loi fondamentale, reçoit aussi le
droit de la compléter, de l'interpréter, et de proposer au président de la République des projets de
loi d'un grand intérêt national. Quant aux bases de
la constitution, nul n'y peut toucher que sous la ra-
tification du peuple.

La Chambre des pairs se transformait en haute
cour de justice pour connaître des attentats ou com-
plots commis contre le chef de l'État, contre la sû-
reté intérieure ou extérieure du royaume; les mêmes
crimes contre la République et son président sont
déférés au jugement d'une haute cour dont les conseils généraux de France formeront le jury et dont
les membres seront pris dans la haute magistrature.
Le compte-rendu des séances du Corps législatif par
les journaux ne consistera que dans la reproduction
du procès-verbal, dressé à l'issue de chaque séance
par les soins du président de l'assemblée. Telle est,
dans ses dispositions essentielles, la constitution
édictée en vertu du mandat du peuple. On remarquera qu'elle est susceptible de modifications dans
ses détails et dans ses assises. Le prince, son auteur,
s'est souvenu de cette parole de son oncle au conseil
d'État qu'il rappelle au préambule de son œuvre,

qu'il grave au frontispice de l'édifice élevé par lui comme un précepte pour l'avenir : *Une constitution est l'œuvre du temps ; on ne saurait laisser une trop large voie aux améliorations.*

Placée en regard de ses devancières, la constitution nouvelle se distingue par un caractère originalement pratique. En tête, point d'orgueilleuse et vaine déclaration de principes, une exposition de motifs déduits de l'histoire ; dans l'organisation respective des pouvoirs du chef et des grands corps de l'État, rien qui sente l'emprunt étranger ou la théorie préconçue, tout est inspiré au contraire par le désir efficace de modeler les institutions à l'image de la société française comme l'ont faite le passé et le présent, ses annales et les révolutions éprouvées au cours des temps. Le chef de l'État est rétabli dans son rôle historique prépondérant, mais sous la loi nouvelle de responsabilité devant le peuple qui résulte du mandat reçu ; les députés de la nation réunissent à leur vieille mission de consentir les subsides, la mission plus récente de consentir la loi. Mais ils cessent d'être omnipotents ; ils ne disposent plus du gouvernement par la disposition du ministère, de la législation par les droits d'initiative et d'amendement, et le Sénat, commis au dépôt de la constitution, seul a droit d'y faire ou d'y provoquer des changements. Si on la considère au point de vue politique, la constitution du 14 janvier 1852, qui mettait fin au régime parlementaire, inaugurait le vrai et plein régime représentatif. Tout émane du peuple : la loi constitutionnelle dont il a accepté les bases et dont il ratifiera les modifications fondamentales, le pouvoir exécutif et le pouvoir législatif également sortis de son élection.

A dater de ce moment, l'Empire, que la nation avait cru rétablir le 10 décembre 1848, par la nomination de Louis-Napoléon à la présidence de la République, que M. Thiers déclara fait le jour où l'Assemblée législative se rangea du côté du président contre l'opposition dans l'affaire évoquée de la destitution du général Changarnier; à partir de cet instant l'Empire est reconstitué. Le sénatus-consulte organique du 7 novembre 1852, le plébiscite qui le ratifiera les 21 et 22 novembre suivants, ne feront que consacrer solennellement ce grand fait, qu'y ajouter la sanction surérogatoire de sept millions huit cent vingt-quatre mille cent quatre-vingt-neuf suffrages. Disparu dans un grand désastre national, resté dans la mémoire populaire comme une espérance sous la Restauration, comme un culte sous le gouvernement de Juillet, ressenti comme un besoin politique depuis que la société a été mise en danger, l'Empire se relève dans son droit non prescrit, mais revivifié et rajeuni dans sa source, le vote universel, pour reprendre son œuvre violemment interrompue.

Cette œuvre, d'un ensemble vaste et compliqué, embrassait des tâches diverses : tâche de pacification et de restauration politiques, tâche d'amélioration générale et de progrès social. A cette première partie de l'œuvre, toute de circonstance et de ménage intérieur, qui n'intéressait que notre sort de peuple et la grandeur matérielle du pays, l'un dangereusement compromis, l'autre, après avoir été douloureusement affectée par la révolution mal servie par les gouvernements successifs, il fallait, le moment et l'occasion opportuns venus, joindre son complément indispensable, c'est-à-dire restituer à la France le rang et le rôle au dehors qui importaient à sa prospérité et à sa gloire, lui donner au dedans la juste part d'initiative qui convient aux nations arrivées à maturité et qui savent se gouverner elles-mêmes, instruites, enfin, sur leurs erreurs par leurs adversités. Ces tâches suprêmes étaient aussi les tâches délicates ; elles comprenaient le couronnement de la politique impériale par son influence établie dans le monde, et le couronnement de la constitution française par la liberté, à la fois le besoin et le péril des sociétés actuelles, la difficulté et l'honneur de leurs institutions.

On le voit, l'œuvre effectuée par l'Empereur au moyen de mesures simultanées ou successives, se divise par objets et par époques. D'abord l'ordre, puis le bien-être, puis la grandeur, puis la liberté, tels sont les degrés par lesquels l'Élu de la France a fait monter le pays de l'abîme où l'avait plongé la révolution de Février jusqu'au faîte d'élévation qu'il a atteint présentement. De 1852 à la guerre d'Orient, en 1854, travail absolu de réparation et d'amélioration intérieures ; à partir de cette époque, jusqu'en 1860, le progrès social, loin de se ralentir s'accélérant toujours, la fortune de la France est exaltée au dehors

par des guerres et des négociations heureuses; de
1860 datent les traités de commerce avec les nations
européennes qui ouvrent les marchés de l'Europe à
l'industrie française et transforment la France, à son
tour, en marché du monde. De cette époque aussi date
la réédification des libertés intérieures sur de plus
larges assises. Par ces actes mémorables que nous
aurons à examiner rapidement et à caractériser en
quelques traits, l'Élu du peuple justifiait ses fermes
espérances, le choix fait par trois fois de lui à
titre de Président et d'Empereur, le bill d'indemnité
reçu et les pouvoirs accordés au lendemain du 2 décembre.

CHAPITRE II

PACIFICATION ET RESTAURATION POLITIQUES.

Ordre public rétabli et garanti. — Reprise de l'œuvre historique des souverains français, abandonnée par Louis XVI, méconnue par la Restauration et le gouvernement de Juillet. — Les diverses classes politiques, qui s'excluaient à tour de rôle, sont associées sous la double loi de l'équité distributive et de la solidarité sociale. — Leur vieil antagonisme se résout au profit commun.

Le conflit des partis qui, déjà rendu visible par quelques signes avant-coureurs, se préparait sourdement pour éclater terrible à la fin de la présidence, fut précipité par le coup d'État. Dès que la dissolution de l'assemblée législative fut connue, une insurrection se produisit dans Paris, insurrection qui provoqua, à des intervalles rapprochés, des mouvements de même nature dans un assez grand nombre de départements. Cette prise d'armes, à laquelle le peuple de la capitale refusa de se joindre, fut néanmoins assez sérieuse et assez grosse d'excès en province pour montrer la grandeur du péril conjuré et pour contraindre le pouvoir à des mesures tout à la fois de répression et de prévention. Les départements de Saône-et-Loire, de l'Allier, de l'Hérault et du Gard, des Basses-Alpes, du Gers, du Var, du Lot et de Lot-et-Garonne, de Vaucluse et de l'Aveyron, du Jura et des Hautes-Alpes, furent mis successivement en état de siége et des commissions mixtes y furent instituées pour la punition des citoyens inculpés du crime d'insurrection.

Cela fait, on pourvut à l'avenir. Un décret interdit aux individus placés sous la surveillance de la haute police ou reconnus coupables d'avoir fait partie d'une société secrète le séjour de Paris et de la banlieue, et conféra au gouvernement la faculté de les transporter, sur simple rupture de ban, dans une colonie pénitentiaire ; le nombre des divisions et des subdivisions militaires fut augmenté ; les communes de la Guillotière, de la Croix-Rousse et de Vaise furent réunies à la ville de Lyon ; une loi enfin défendit le séjour de la Seine et de l'aglomération lyonnaise, non-seulement à de certaines catégories de condamnés, mais à toute personne n'y justifiant pas de moyens d'existence.

A ces mesures, jugées insuffisantes, d'autres vinrent s'ajouter. Des membres de l'université avaient pris part aux troubles ou montraient de l'insubordination, un décret fut rendu pour rétablir l'ordre et la hiérarchie dans le corps enseignant ; la garde nationale avait participé à la guerre civile loin d'y faire obstacle, elle fut dissoute en tout lieu pour être recomposée administrativement et purgée de tout élément insurrectionnel ; le jury subit le même sort de reconstitution et de choix opérés. Enfin, la loi du 7 juillet 1852 sur le renouvellement des conseils généraux et des conseils municipaux autorisa le gouvernement à prendre les membres des mairies en dehors de ces derniers conseils, lui permit de les suspendre et de les dissoudre, de désigner même à leur place des commissions municipales.

Mais la presse, si longtemps considérée comme un quatrième pouvoir dans l'État à cause de son empire sur l'opinion et qui avait trop abusé de sa réelle puissance, la presse fut surtout frappée. Privée déjà par la Constitution du droit de faire des comptes rendus arbitraires des séances des grands corps délibérants, un premier décret du 31 décembre 1851, la fit passer, pour le jugement de ses délits, de la juridiction du jury sous celle des tribunaux correctionnels ; un second, celui du 17 février 1852, la rendit de plus justiciable de l'administration, devenue maîtresse absolue de son existence. Aucun écrit périodique ne pouvait être publié qu'après l'autorisation préalable du gouvernement qui recevait en même temps le droit de le suspendre ou de le supprimer, à toute heure et sans recours. Par surcroît le compte rendu des procès de presse était interdit aux journaux, et tout appel à l'opinion publique ainsi supprimé pour eux. Ce fut encore un décret indirect contre la presse que celui du 22 mars suivant qui portait qu'à l'avenir les brevets d'imprimeur et de libraire seraient conférés par le ministre de la police générale. Les réunions publiques n'étaient certainement pas moins dangereuses que la presse, les dispositions des art. 291, 292 et 294 du code pénal et les art. 1, 2 et 3 de la loi du 10 avril 1834 leur furent déclarées applicables.

L'ordre vengé et la paix publique garantie, il s'agissait de restaurer l'harmonie sociale, méconnue et troublée par les gouvernements qui avaient succédé à l'Empire, de reprendre, à son point d'arrêt, la tâche historique inaugurée par Hugues Capet, abandonnée par Louis XVI, reprise par Napoléon Ier, tâche à la fois la raison d'être et la mission de nos monarchies successives.

Lorsque la dynastie des Capet fut établie, du consentement du peuple, elle le fut dans l'intérêt de l'unité politique du pays. Sous la débile main des successeurs de Charlemagne, le pouvoir et la France allaient s'émiettant. Les grands feudataires, auxquels avaient été départis des bénéfices viagers et dépendants de la couronne, les avaient, d'heure en heure, soustraits à la suzeraineté des rois devenue nominale, et s'y étaient cantonnés héréditairement. Il fallait les ramener peu à peu à la loi du contrat primitif. Ce fut l'œuvre lente et laborieuse à laquelle se dévouèrent successivement les diverses branches de la famille Capet.

A la veille de la révolution, et l'œuvre presque accomplie, alors que les provinces qui composaient la France avaient été progressivement rattachées à la couronne et replacées sous son pouvoir direct, exercé par des parlements pour la justice, par des gouverneurs pour la force armée, par des intendants pour le pouvoir civil, alors qu'il ne restait plus qu'à supprimer quelques pouvoirs rétifs et des titres de seigneuries locales devenues un obstacle à la marche irrésistible de l'administration vers l'unité et l'égalité de régime, les successeurs de Capet, de Louis XI et de Louis XIV faiblirent subitement. Tête antique de la féodalité, ils n'osaient lui porter le dernier coup. — Ils avaient cessé de servir l'intérêt du pays, les vues de la providence, une tourmente sociale les emporta ; ils disparurent du trône par la même force qui les y avait placés et maintenus si longtemps.

La révolution, qui n'est plus dirigée, se déchaîne avec une puissance de destruction qui n'a d'égale que son impuissance à fonder. Institutions, partis, hommes et choses disparaissent à la suite de Louis XVI dans le gouffre qui ne rend rien que des débris et qu'un long cri de rage et de douleur. Le monde est effrayé, la France doute de l'avenir. Alors s'élève, du sein des foules, un jeune homme, la veille inconnu. La victoire l'a fait général, Dieu le sacrera empereur. Il lui a donné l'intelligence de la situation qui crée les hommes d'État, l'autorité sur les masses, d'où sort le pouvoir comme de sa source. A peine a-t-il paru qu'à sa voix le chaos se débrouille, que la révolution se calme et s'organise. Le monde nouveau, incohérent encore, n'attendait que le *fiat* d'un maître nouveau pour surgir tout formé, aggrégat d'éléments en lutte pacifiés enfin.

Malheureusement Napoléon, homme de guerre sans rival, joua trop au jeu des batailles, et souverain absolu, au milieu d'un certain appareil parlementaire, se complut trop dans un pouvoir sans partage. Quand l'adversité, dont la male heure arrive toujours, s'abattit sur lui, il avait épuisé l'enjeu des combats, la population ; et la France, qu'il n'avait point associée à ses desseins, lui manqua dans son suprême effort contre l'étranger. De là sa chute, subie par le pays avec résignation quoique non voulue par lui. Le géant, prisonnier de l'Europe, est enchaîné à Sainte-Hélène. Sur ce roc lointain, où il semble régner encore, tant restent grandes la terreur et l'autorité de son nom, il recueille ses souvenirs, il expose ses projets, il dicte son testament. Il jette sur la France et sur ses héritiers un long regard d'amour et d'espérance, persuadé que le lien rompu par l'étranger sera renoué par le pays.

Il ne se trompait point. Après un essai à contre-sens de l'organisation aristocratique de l'Angleterre à la France démocratique tenté par la Restauration, après l'échec éclatant du gouvernement des classes moyennes essayé par Louis-Philippe d'Orléans, la république est proclamée en 1848, la république qui ne fut jamais chez nous un gouvernement mais un interrègne, l'arène des combats ouverte aux partis et aux classes. Celles-ci luttent, en effet, dès le premier jour, la noblesse, le clergé, la bourgeoisie, ralliés sous le drapeau de la réaction qu'ils appellent l'ordre, les masses populaires sous celui du socialisme qu'elles nomment le progrès. Déjà le sang a coulé dans les rues de Paris, et la France entière frémit agitée d'un souffle de guerre qui court et se propage ; la patrie n'existe plus, deux camps armés se mesurent et se défient.

Qui leur dictera la paix ? Un jeune homme qui n'a encore d'autre recommandation que son nom, que l'orgueil qu'il éveille, que la confiance qu'il inspire, le prince Louis-Napoléon Bonaparte. Par quel moyen ? En distribuant la justice aux classes qui s'excluaient tour à tour, en liant leurs intérêts en lutte, en les associant dans le travail et le bénéfice communs, sous la double loi du droit répartiteur et de la solidarité sociale. La monarchie de droit divin avait fait pencher la balance du côté du clergé et de la noblesse, la monarchie parlementaire du côté de la bourgeoisie, la révolution de Février avait proclamé la royauté ouvrière et tenté d'exclure de la représentation nationale les partis royalistes ; mieux inspiré, Louis-Napoléon, sans reprendre les errements excessifs de son oncle par la création en bloc d'une noblesse impériale, rendit aux enfants les titres de leurs pères que leur avait repris le gouvernement provisoire, récompensa de nouveaux services par de nouveaux titres et fit sa part dans le sénat à l'illustration du nom. Au clergé, à peu près exclu de l'État par l'établissement de Juillet, il restitua partout sa place légitime. Il y eut au Sénat le banc des cardinaux et des évêques auprès de celui des maréchaux et des hauts fonctionnaires de la couronne. La flotte et l'armée revirent des aumôniers, et, soit en fait de'nseignement, soit pour les choses de charité, dans l'empire, dans le

département et dans la commune, le clergé retrouva
rang et influence, conseil et action. Ses vieilles assemblées métropolitaines et diocésaines furent autorisées,
d'année en année, à se réunir.

Mais, œuvre plus ardue et plus salutaire, le prince
s'appliqua surtout à réunir les deux grandes classes
de la nation et ses deux grands leviers, la bourgeoisie
qui possède le capital, les classes ouvrières qui le
font fructifier par leur travail. Leurs divisions dataient
de loin et s'approfondissaient de jour en jour au détriment de la paix et de la richesse publiques ; elles
devaient cesser pour le bien et le salut communs. La
république, au lieu de combler le gouffre entre ouvriers et patrons, l'avait encore creusé. Au point de
vue politique, Ledru-Rollin avait paru vouer à l'ostracisme une notable partie de la bourgeoisie suspecte d'attachement monarchique et d'esprit rétro-
grade ; usant de représailles, aux circulaires du ministre de l'intérieur l'assemblée législative avait
répondu par la loi du 31 mai 1850 qui déshéritait
l'ouvrier, forcé de se déplacer souvent, de son droit
de suffrage pour défaut de domicile. Au point de vue
économique, cette même assemblée répliquait aux
vaines tentatives du gouvernement provisoire pour
organiser le travail, réduire sa journée, le soustraire
aux intermédiaires et aux conditions du capital, par la
loi contre les coalitions qui replaçait purement et sim
plement, tout concert entre eux devenu impossible, les
ouvriers sous l'empire de leurs patrons et pour le taux
du salaire et pour la durée de la tâche journalière.

Après avoir relevé le travailleur de sa déchéance politique pour son don d'avénement joyeux et en attendant que la pacification sociale soit assez complète pour ne pas faire tourner un débat d'intérêts entre ouvriers et patrons en conflit de classes, Louis-Napoléon s'occupe de réaliser, dans la mesure du possible, le programme du gouvernement provisoire :garantir l'existence de l'ouvrier par le travail, favoriser les associations ouvrières. Mais s'il accepte le programme, s'il l'agrandit même, on le verra, il répudie les moyens employés. En menaçant la propriété de l'impôt progressif, la richesse mobilière de la gratuité du crédit, en prétendant briser toutes les relations établies entre l'industrie et le travail, entre la production et la consommation, en se proposant officiellement de substituer à ce qu'elle appelait l'exploitation de l'ouvrier par le patron, l'association ouvrière en tout et par tout, la révolution de février n'était parvenue qu'à avilir le prix des choses, à détruire tout crédit, à anéantir tout commerce, à vider les ateliers particuliers qui enrichissaient le pays dans les ateliers nationaux qui ruinaient le trésor, à soulever l'animadversion entre riches et pauvres. Elle avait semé la misère et l'hostilité pour récolter la guerre civile et la mort.

Le prisonnier de Ham qui, dans sa captivité, rêvait le pouvoir, mais mis au service des humbles et des déshérités, se traçant d'avance un plan de règne, écrivait : « Le but de tout gouvernement habile doit être de tendre par des efforts à ce qu'on puisse dire bientôt : le triomphe du christianisme a détruit l'esclavage ; le triomphe de la révolution française a détruit le servage ; le triomphe des idées démocratiques a détruit le paupérisme. » Le programme est incomparablement plus vaste que celui du gouvernement provisoire et plus hardi, trop hardi peut-être. Quant aux voies d'exécution, elles différeront entièrement. S'agit-il d'assister l'ouvrier dans le malheur, atteint par la maladie ou le chômage, le prince en cherche le moyen dans la coopération du pauvre et du riche. Je cite mon témoin. Un décret du 26 mars 1852 sur les sociétés de secours mutuels porte ce qui suit : « Art. 1ᵉʳ. Une société de secours mutuels sera créée par les soins du maire et du curé dans chacune des communes où l'utilité en sera reconnue... Art. 2. Ces sociétés se composent d'associés participants et de membres honoraires ; ceux-ci paient les cotisations fixées ou font des dons à l'association, sans participer aux bénéfices des statuts... » Est-il question de parer aux causes du paupérisme, c'est à la multiplication de la richesse générale qu'est demandée la diminution progressive de l'indigence. Ouvrir les sources du crédit par la rémunération du capital, les sources du labeur par le développement du crédit, réconcilier le patron et l'ouvrier par l'association de leurs intérêts bien compris, par l'accroissement simultané des bénéfices et des salaires, telles sont ici les voies du pouvoir, c'est-à-dire les voies même de la prospérité publique et de la civilisation.

Je m'arrête, l'exposition des mesures prises et des

résultats obtenus à cet égard appartenant à un autre chapitre, je m'arrête sur cette remarque caractéristique de la politique impériale : Homme de la France comme son oncle et non d'un parti, Napoléon III se montre le souverain de tout le peuple, non d'une fraction. Il ne s'appuie point de préférence sur le clergé et la noblesse comme la restauration, il ne livre point comme Louis-Philippe le pouvoir à la bourgeoisie à l'exclusion de tout le reste, et s'il attire à lui les masses populaires, il ne les leurre point comme la république en entrant dans leurs haines de classe, dans leur chimère de rénovation socialiste, il fait mieux, il rappelle plus abondant le capital qui avait fui effrayé, afin qu'il pourvoie à l'ample satisfaction de leurs besoins, il évoque sur elles la compassion fraternelle des classes heureuses qu'il associe au soulagement de leurs misères après les avoir associées à leur fortune, le travail fructificateur pour chacun et pour tous ! Ainsi, par une heureuse alliance des forces communes tournées vers le profit commun, l'ordre matériel rétabli, l'ordre social sera restauré.

CHAPITRE III

———

Améliorations en matières pénales, civiles et administratives, en matières d'assistance et de prévoyance. — Promotion du progrès en tout genre. — Encouragements donnés aux lettres, aux sciences et aux arts. — Mesures nombreuses en faveur de l'agriculture, du commerce et de l'industrie. Les plus importantes ont pour objet de les doter de voies de circulation et de moyens de crédit. — Résultats obtenus.

L'œuvre des améliorations dues à l'empire est considérable et porte sur les points les plus divers. En matière pénale, et dans un intérêt d'humanité ou de justice, on accélère les procédures en substituant le juge d'instruction à la chambre du conseil pour prononcer sur la poursuite ou le non-lieu dans les affaires criminelles, on diminue les cas de prison préventive et on en abrège le temps, on édicte une loi pour la réhabilitation des condamnés, un grand nombre de délits sont correctionnalisés, toute trace de la rigueur romaine si dure aux débiteurs disparaît de nos lois et les prisons pour dettes civiles sont fermées. D'autre part, tandis que des colonies pénitentiaires établies en France ou en Afrique reçoivent les jeunes détenus, les condamnés aux travaux forcés sont envoyés dans la Guyane pour y être employés à la culture, à l'exploitation des forêts, à des travaux d'utilité publique, au triple bénéfice de la mère patrie délivrée d'hommes dangereux, de la colonie qui utilise leur act'vité et des condamnés auxquels leur bonne conduite peut donner droit à un travail rémunéré, à la permission de se marier, à une concession de terrain. En matière administrative, un décret dit de décentralisation restitue aux préfets la décision d'une multitude d'affaires sans importance qui allaient encombrer inutilement les ministères au détriment de leur rapide expédition et de celle des affaires majeures ; en matière civile, l'expédition des procès n'est pas moins hâtée par la désignation spéciale d'un juge pour les procédures qui retardaient le plus la marche des tribunaux, les procédures d'ordre entre créanciers. Chose plus importante ! à côté de la juridiction spéciale des tribunaux de commerce, est réorganisé d'une façon enfin viable, c'est-à-dire véritablement créé, le tribunal domestique des prud'hommes.

La conversion des rentes 5 p. 100, qu'au soulagement de la dette publique n'avaient pu opérer ni la Restauration ni le gouvernement de Juillet, est conduite à bonne fin dès 1852. Les colonies, qui manquent de bras depuis l'émancipation des nègres, en sont pourvues par les facilités et les avantages offerts à l'émigration des travailleurs européens et des coolies indiens. Le service de la télégraphie privée est régularisé au profit de l'industrie et du négoce dont les produits et les marchandises, d'un autre côté, sont garantis contre la contrefaçon et la concurrence déloyale par une loi sur les marques de fabriques et de commerce. Enfin, mais ce sont ici plutôt des actes courageux de retour salutaire que des faits véritables d'amélioration, enfin : 1° Le professorat universitaire, frappé sans doute dans ses membres coupables mais arbitrairement, retrouve des garanties de justice, par décret du 11 juillet 1863, un comité est institué près du ministère de l'instruction publique, qui sera appelé à donner son avis toutes les fois qu'il pourra y avoir lieu à la révocation d'un professeur de l'enseignement supérieur ou secondaire ; 2° le système de la bifurcation des études qui les divisait, à partir des classes d'humanités, en deux sections, l'une d'enseignement littéraire, l'autre d'enseignement scientifique, est aboli ; 3° la philosophie proscrite des lycées, sauf la logique, y rentre escortée de son histoire ; 4° comme suite nécessaire de l'abolition de la bifurcation, le baccalauréat ès-lettres devient obligatoire pour les étudiants en médecine. Les lettres ainsi amnistiées, et la philosophie avec elles, de leur prétendue complicité révolutionnaire, nous reviennent ensemble pour élever les sentiments de l'âme, polir le goût et les mœurs, pour porter les esprits d'un vol plus sûr et plus hardi vers les principes de la vérité psychologique ou métaphysique.

Mais la plus admirable partie des améliorations sociales entreprises par l'Empire sont celles qui ont

pour objet, dans l'avenir, l'extinction du paupérisme,
dans le présent, la guérison de ses maux : c'est celle
aussi qui tient le plus au cœur du prince, dont la
première visite, empereur, fut pour l'Hôtel-Dieu et
le Val-de-Grâce ; dont l'un des premiers actes, marié,
fut de placer sous le patronage de l'Impératrice tant
d'institutions de bienfaisance et d'amour. Le rôle des
augustes époux semble ainsi tracé : il sera, lui, la
providence qui veille, prévoit et prévient ; elle, l'ange
de charité qui secourt et console. Telle Paris vit l'Impératrice, lorsqu'au moyen de 150,000 francs trou-
vés dans sa corbeille de noces, elle fondait deux lits
à l'hospice des Incurables, telle Amiens l'admira,
lorsque, le 2 juillet 1866, elle vint, au péril de ses
jours, visiter les cholériques. Jamais souverain autant
que Napoléon III, du reste, n'eut, en même temps
que l'intelligence de sa mission à l'égard des malheureux, toute la chaleur, toute la délicatesse de sentiment qu'elle exige. A peine la nouvelle de la formi-
dable inondation de 1856 lui arrive-t-elle qu'il accourt
les mains pleines, à travers les flots, au milieu des
inondés de la Loire et du Rhône. La ville de Paris
mène à la fois de front deux grandes constructions,
l'Opéra et l'Hôtel-Dieu ; l'un presque achevé, l'autre
dont les fondations sont creusées seulement. Sa sus-
ceptibilité d'âme s'éveille aussitôt; il écrit : « J'attache
un grand prix à ce que le monument consacré au
plaisir ne s'élève pas avant l'asile de la souffrance. »
Sous la même impulsion de cœur, l'ensevelissement
à Paris du pauvre dans une fosse commune, sans

bière pour son cadavre, sans cérémonie religieuse sur sa tombe, le révolte comme une profanation de ses dernières dépouilles ; il veut qu'il ait sa place distincte dans le cimetière, son cercueil propre, et il institue, pour appeler sur lui la clémence du Ciel, l'aumônier des dernières prières.

La charité doit soulager de si nombreuses misères qu'elle est obligée de multiplier à leur égal ses institutions. Le passé comptait des hôpitaux pour les malades, des hospices appropriés aux diverses infirmités, les secours à domicile pour les nécessiteux. Ces vieilles institutions florissant au lieu de dépérir, puisque leur revenu monte de 80 à 84 millions, l'Empire en crée de nouvelles. Il organise, en 1853, le traitement des malades à domicile, afin que les membres d'une même famille ne soient pas séparés, et qu'aux douleurs de la maladie éprouvée ne s'ajoutent point pour eux les peines cruelles du cœur. Il fonde, près de Paris, les hospices impériaux de convalescence de Vincennes et du Vésinet, et près de Lyon, celui de Longchêne. Là les ouvriers, au sortir des hôpitaux, viendront reprendre des forces à l'air pur des champs pour se remettre plus vigoureux et plus vaillants à leurs travaux. Nul n'est oublié d'ailleurs : les médecins cantonnaux sont établis pour donner des secours gratuits aux malades des campagnes, et le même pouvoir, qui a édicté des secours annuels et viagers pour les anciens militaires de la République et de l'Empire, qui a augmenté les retraites de tous ses serviteurs, qui a doté la caisse des retraites des prêtres vieux et infirmes, crée la caisse des invalides du travail industriel et agricole au moyen de l'action combinée de la prévoyance et de l'État. Ceci nous rappelle un trait d'histoire. La République avait placé sur la porte principale des Tuileries ces mots : *Hôtel des Invalides civils;* au lieu du leurre ridicule, la vaine inscription de leur nom sur les murs d'un palais, aux invalides civils l'Empire ouvre le livre d'or des pensions! Ce sont aussi des formes indirectes d'assistance publique que la gratuité de la justice accordée aux indigents, que les pourvois ouverts sans frais devant le conseil d'État pour excès de pouvoir, que les préoccupations personnelles de l'Empereur pour les logements d'ouvriers, pour les lavoirs et les bains publics destinés à leur usage.

Louis XIV écrivait : « Si Dieu me fait la grâce d'exécuter tout ce que j'ai dans l'esprit, je tâcherai de porter la félicité de mon règne jusqu'à faire en sorte, non pas, à la vérité, qu'il n'y ait ni pauvre ni riche, car la fortune, l'industrie et l'esprit laisseront éternellement cette distinction entre les hommes, mais au moins qu'on ne voie plus dans le royaume ni indigence, ni mendicité; je veux dire personne, quelque misérable qu'il puisse être, qui ne soit assuré de sa subsistance, ou par son travail, ou par un secours ordinaire et réglé. » A défaut de labeur, l'assistance assurée, voilà quel fut l'idéal du grand roi. Le prince qui fit entrer dans son plan de règne l'extinction du paupérisme, nourrit avec son siècle de plus hautes ambitions : faire prévaloir sur les institutions de pure

bienfaisance les institutions de prévoyance et de crédit, apprendre à l'individu à suffire à ses besoins et
lui en fournir la possibilité à l'aide de l'éducation qui,
dans l'enfant, prépare l'homme; du travail, qui nous
élève à nos propres yeux et aux yeux de nos semblables, qui enseigne à celui qui ne l'a pas pratiqué
des vertus inconnues; de l'économie qui, en faisant
la part du jour, n'oublie pas celle du lendemain, qui
sème aux jours prospères pour recueillir en ceux
d'adversité; de l'association, qui unit les forces pour
les accroître et arme les faibles pour la lutte à l'égal
des puissants.

Pour préparer l'enfant aux devoirs de la virilité et
le rendre capable de les remplir, la gratuité de l'instruction primaire qu'on tend à généraliser est, en
attendant, assurée aux fils du pauvre et aux communes dépourvues par la loi du 10 avril 1867; les
bourses des lycées sont intégralement rendues aux
serviteurs de l'État, et les grandes écoles du gouvernement continuent à être ouvertes à tous, celui qui
ne peut payer, exonéré des frais de trousseau et de
pension; les écoles d'enseignement technique, commercial, industriel, artistique, rares jadis, sont dé-
veloppées et répandues de toutes parts, et l'enseignement agricole, bientôt professé dans les lycées,
dans les écoles normales d'instituteurs, descendra
de là dans les écoles primaires; à côté des cours
d'adultes les cours de hautes études, deux créations
impériales. Les arts et métiers, qui ont leurs colléges
plus nombreux dans les départements, trouvent à

Paris leur école polytechnique dans l'école centrale, transformée d'établissement privé en établissement public; leur Sorbonne, leur Musée au Conservatoire, enrichi et réorganisé. A côté de ces institutions qui s'adressent à tous, sont institués des orphelinats pour recevoir les enfants sans famille, des œuvres de patronage ayant pour objet l'apprentissage d'un état aux jeunes libérés, aux jeunes détenus, aux enfants dans l'abandon par le malheur de leur naissance, la faute ou l'infortune de leurs parents; convergent vers le même but, les colonies agricoles et pénitentiaires dont nous avons parlé déjà. Enfin, la protection de l'État s'étend sur les enfants employés dans les manufactures, afin de préserver leur santé et leur innocence, afin de leur assurer le bénéfice de l'éducation primaire.

Pour la femme, trop négligée autrefois, l'Empire fait également beaucoup. La loi précitée du 10 avril 1867 oblige toute commune de 500 âmes à avoir au moins une école publique de filles. Les écoles professionnelles, les ouvroirs, les maisons de préservation se multiplient pour donner aux jeunes personnes des moyens d'existence ou offrir un abri à leur vertu. Les mères de famille sont aussi l'objet des sollicitudes et de la protection impériale; des sociétés de charité maternelle, subventionnées par l'État, se chargent des frais de leurs accouchements et des frais de la layette pour leurs nouveau-nés. Puis, les crèches prennent l'enfant sur le sein même de sa mère, et, sans dégager celle-ci de l'obligation de la tendresse, elles la rendent à des occupations nécessaires à elle-même et à sa famille. L'enfant sevré, il sort de la crèche, et l'asile le recueille. Là, à l'abri des dangers du dehors, accidents et vices, sa santé se fortifie par les soins, la propreté et l'exercice ; son esprit se forme par des leçons courtes, claires, variées, amusantes, alternées de chants et de prières, qui déjà éveillent sa petite âme à l'idée de Dieu. Ces établissements existaient, sans doute, avant l'Empire, mais clair-semés à Paris, à peu près inconnus ailleurs. Depuis l'Empire, point de ville en France qui ne possède au moins une crèche ; quant aux asiles, ils ont pénétré dans les plus obscurs villages.

Les institutions de prévoyance ou sont toutes de création impériale, ou ont reçu de Napoléon III une si prodigieuse importance, de tels accroissements d'être, qu'elles semblent n'exister que depuis. L'homme sans fortune doit se préoccuper, au moment où, en pleine force et en pleine activité, il gagne un large salaire, des temps de chômage pour cause de morte-saison ou de maladie, de la vieillesse qui amène pour lui le repos forcé, de la mort qui peut subitement le ravir à une famille dont il est l'appui. A ces diverses éventualités, correspondent la fondation des sociétés de secours mutuels ; celles des caisses d'épargne et des caisses de retraite pour la vieillesse ; celle enfin des assurances sur la vie. Les caisses de retraite pour la vieillesse datent de la présidence, et, déjà, elles ont nécessité trois lois, déjà le chiffre des retraites a dû être élevé à 750 francs ; les assurances sur la vie par l'État naissaient hier avec la loi du 11 juillet 1868. Quant aux sociétés de secours mutuels, aussi peu nombreuses que grandement périclitantes autrefois, on les compte aujourd'hui par milliers, et elles prospèrent, grâce à la combinaison due à l'Empire, de membres secourus et de membres coopérateurs. Institution déjà florissante, les caisses d'épargne ont fructifié au delà de leurs promesses. Assujetti à des versements limités, le capital qu'elles apportent au Trésor est divisé en deux portions, dont l'une reste à la disposition des bénéficiaires des livrets, et l'autre s'emploie pour eux en achats de rentes, celle qui dépasse le *quantum* des versements autorisés. Or tel est l'afflux des petites épargnes, qui arrivent ainsi de tous les coins de la France, qu'il ne semble point téméraire de prévoir le jour prochain où les ressources venues des économies du pauvre pourront suffire, par la transformation régularisée de la partie disponible des versements en bons du Trésor à échéance fixe et rapprochée, de leur partie indisponible en rentes perpétuelles négociables au porteur, pourront suffire, disons-nous, aux besoins ordinaires de l'État. Jour heureux, celui-là, et qui clorait véritablement l'ère des révolutions! La fortune de l'État, devenue le gage et comme le patrimoine du pauvre, qui oserait y toucher? Y penser même serait un attentat de lèse-humanité!

Les institutions de prévoyance confinent de si près aux institutions de crédit, que parfois et par certains points elles se confondent avec celles-ci. L'homme qui place son argent dans les assurances, crée un capital pour sa famille au jour de son décès. L'ouvrier qui, par pièces de vingt sous successivement mises à la caisse d'épargne, parvient à former une somme ronde de mille francs, range à son propre service un petit capital. Par une conséquence éternellement vérifiée, le capital formé provoque le crédit ; et cependant voilà l'ouvrier muni des instruments de travail et n'ayant plus qu'à en choisir l'emploi. S'il préfère agir et produire seul, il peut créer un mince établissement d'industrie ou de commerce ; s'il nourrit l'ambition de tenter de plus grandes entreprises, il s'associe librement avec d'autres. Les sociétés coopératives, récemment fondées, lui en offrent le moyen. Ces modestes sociétés se bornent prudemment à la vente des objets de consommation à l'heure qu'il est, mais, en pleine fructification une fois, on les verra se transformer inévitablement en sociétés de production. Quoi de plus naturel ! les bénéfices réalisés leur fourniront le capital indispensable, et la possession du marché de consommation assurera d'avance à leurs produits le débouché non moins nécessaire ! Ce jour là, quelle révolution ! Ce sera le travail producteur, vendeur, consommateur ! et cette révolution, la plus grande qu'aura vu la société, peut s'accomplir sans violence contre les personnes et les fortunes, sans spoliation et sans effusion de sang, par le seul effet de l'effort hmuain invité et secondé par ia loi !

En attendant qu'à l'aide de ces libres associations d'œuvres communes, les ouvriers édifient leur sort de leurs propres mains, leurs maîtres se préoccupent d'adoucir leur condition. « Il semble, » disait M. Charles Robert dans de remarquables conférences sur les améliorations sociales du second empire auxquelles nous avons beaucoup emprunté, « il semble que depuis quinze ans, un souffle nouveau ait passé sur les usines; elles s'organisent de plus en plus au point de vue du bien être moral et matériel des populations; améliorations des logements d'ouvriers, combinaisons ingénieuses pour leur en faire acquérir la propriété, pour leur procurer des aliments et des objets de ménage à prix de revient, subventions aux sociétés mutuelles, pensions aux vieillards, aux mutilés et aux veuves, autant de formes directes ou indirectes d'associations, des ébauches, si l'on veut, de ce que Léon Faucher appelait si bien le *nouveau contrat*, qui établissent entre le patron et l'ouvrier une solidarité étroite et féconde, et qui, par une participation aux bénéfices dont l'ouvrier et le patron ont plus ou moins concience, intéressent l'ouvrier à la prospérité et à l'honneur d'une maison qu'il considère désormais comme sienne. » L'Empereur qui, par sa haute initiative, a provoqué tout ce mouvement de bonnes choses, tous ces actes d'intérêt bien conseillé et de philanthropie admirable, les encourage et y applaudit du haut du trône. Il écrivait au directeur des houillères de Blanzy, le 12 avril 1854 : « Monsieur, assurer aux ouvriers mineurs, dans leur vieillesse, une pension de retraite reversible à leurs veuves, est une pensée éminemment honorable.... en tout point digne de l'approbation des amis de la classe laborieuse..... A ce titre, je lui accorde la mienne sans réserve et je vous félicite d'être le premier à donner un si bon exemple. »

L'œuvre des améliorations en pleine voie, il fallait en même temps promouvoir l'œuvre du progrès social sous toutes ses formes et dans tous les sens. Pour atteindre ce but, Napoléon avait besoin que la loi lui en fournît les moyens. Il savait par l'expérience du gouvernement de Juillet, combien d'obstacles misérables au lieu d'aide nécessaire pouvaient être rencontrés sous ce rapport dans le parlement. Lui-même, tant que ses mains furent liées par la Constitution de 48, s'était plaint justement de n'avoir pu faire le bien. Il demanda donc que ce pouvoir, don provisoire de la dictature saisie et confirmée, lui fut constitutionnellement reconnu. C'est à quoi pourvut un sénatus-consulte à la date du 25 décembre 1852, dont l'article 4, tout en sauvegardant les prérogatives financières du Corps législatif, restituait à l'action exécutive son initiative providentielle en matière de grande administration : « Tous les travaux d'utilité publique, notamment ceux désignés par l'art. 10 de la loi du 21 avril 1832 et l'art. 3 de la loi du 3 mai 1841, toutes les entreprises d'intérêt général, sont ordonnées ou autorisées par décrets de l'Empereur. Ces décrets sont rendus dans les formes prescrites pour les règlements d'administration publique. Néanmoins, si ces travaux et entreprises ont pour condition des engagements ou des subsides du trésor, le crédit doit être accordé ou l'engagement ratifié par une loi avant la mise à exécution. »

Armé par la loi, l'Empereur marche d'un pas prompt et résolu à son dessein : l'exaltation indéfinie de la fortune et de la grandeur de la France, toutes les forces provoquées et associées au service de l'œuvre commune, le talent et le crédit, le capital et le travail, tous les éléments de richesse et de splendeur excités ou encouragés à produire, la terre qui donne les trésors premiers, l'industrie qui les met en œuvre, le commerce qui les répand, la science qui ravit pour l'homme ses secrets à la nature, les beaux-arts qui s'ingénient à nous plaire, les lettres qui devraient nous instruire en nous charmant. Pour le progrès des sciences, Napoléon III instituait, le 23 février 1852, un prix en faveur de l'auteur de la découverte qui rendrait la pile de Volta applicable avec économie, soit à l'industrie comme source de chaleur, soit à la chimie comme agent de composition et de décomposition, soit à la mécanique comme moteur, soit à la médecine pratique comme stimulant dans les maladies d'énervement des organes ou de paralysie des membres. Pour les lettres, les sciences et les arts, il fondait, le 14 janvier 1855, un prix de 30,000 fr. à décerner tous les trois ans par l'Institut en son nom à l'ouvrage ou à la découverte jugé le plus propre à honorer ou servir le pays, et le 11 août 1859, un autre prix de 20,000 fr. à accorder tous les deux ans, tour à tour dans l'ordre des lettres, des sciences et des arts. Là ne s'arrêtait pas la sollicitude impériale. Le 8 avril 1854, une loi avait été promulguée au profit des veuves et des enfants d'auteurs, de compositeurs et d'artistes pour leur assurer, leur vie durant, la propriété des œuvres de leurs maris et de leurs pères ; à des époques diverses, des traités interviennent pour la garantie réciproque des œuvres d'art et d'esprit avec la plupart des puissances étrangères, avec la Belgique en particulier, ce grand foyer, à nos portes, de contrefaçon des œuvres françaises. Enfin la réunion du Louvre aux Tuileries, sujet d'un vain décret pour la république, s'effectuait par les mains de l'empire et donnait naissance au Louvre de Napoléon III. L'architecture appelée à édifier le palais nouveau, la sculpture à l'orner de statues, la peinture à en couvrir les murs des créations de sa palette, relevaient du lustre de leurs travaux le monument du prince.

Dans l'intérêt de l'agriculture, l'empire fondait les institutions du crédit foncier et du crédit agricole appelées à faire aux propriétaires sur hypothèques, aux fermiers sur leur signature et sur celle d'un répondant connu, des prêts à un taux modéré remboursables les premiers à longue échéance et par annuités comprenant à la fois le service des intérêts et l'amortissement du capital ; il créait la caisse générale des assurances agricoles contre la grêle, la gelée, l'inondation et la mortalité du bétail ; il mettait à la disposition des agriculteurs cent millions pour le drainage des terres humides ou marécageuses ; il encourageait les expositions de produits et les concours de toute nature pour la propagande des bonnes méthodes de culture et des meilleures machines; il ordonnait des travaux pour mettre les villes et les vallées à l'abri des inondations; il proposait et promulguait: 1° A la date des 19 juin 1857 et 28 juin 1860 des lois ayant pour objet l'assainissement et la mise en culture des landes de Gascogne, la mise en valeur des marais et des terres incultes appartenant aux communes, c'est-à-dire l'agrandissement du domaine productif du pays; 2° à la date des 23 juillet 1860 et 8 juillet 1864, des lois pour le reboisement et le gazonnement des montagnes au bénéfice égal des hauteurs ravagées et des plaines inondées par les grandes pluies. Faisant plus, et joignant les exemples aux édits, l'Empereur acquérait en Sologne la terre de Lamotte-Beuvron, et transformait 120 hectares, préalablement marnés et drainés, de terrains stériles en terrains productifs. Opération analogue dans les Landes, où il établissait 14 fermes et régénérait huit mille hectares; dans les plaines arides de la Champagne où 10 fermes, en s'élevant, vivifiaient les alentours du camp de Châlons.

Cela dit, restent à voter les meilleures mesures peut-être : les unes destinées à soulager, par la simplification des procédures de ventes judiciaires d'immeubles, de partage et de purge des hypothèques, les petites propriétés dévorées par les frais auparavant; les autres combinées pour doter les immeubles ruraux du crédit qui leur fait défaut malgré tout, en écartant les obstacles qui s'y opposaient encore, nous voulons parler ici des lois de 1855 sur la transcription des priviléges et hypothèques, qui assure la publicité des charges de la propriété foncière ; du 21 mai 1858, qui rend plus rapides les saisies immobilières, les purges d'hypothèques légales, les ordres entre créanciers : « Dans l'intérêt, dit l'exposé des motifs, de l'acquéreur dont la propriété devient entre ses mains libre et sans péril, du vendeur à qui sa position liquidée permet de se livrer avec sécurité à de nouveaux travaux, des créanciers que cette célérité garantit contre toutes les chances de perte. » Enfin l'agriculture pourvue d'instruments de crédit, d'assurance, d'outils perfectionnés, d'une plus grande surface de sol cultivable, plus encouragée que jamais et mieux garantie contre les fléaux du ciel, l'Empire fait pour elle la loi de 1868 sur les chemins vicinaux et prépare le code rural, deux grands actes qui, accomplis, la doteront de sa viabilité et de sa législation spéciales, deux grands bienfaits ! Les chemins vicinaux, en mettant l'agriculteur en communication avec les chemins de fer et les marchés, lui faciliteront l'exploitation de ses fonds et la vente de ses produits. Le code rural l'éclairera sur ses intérêts les plus chers par la connaissance précisée de ses droits et de ses devoirs, sur les objets qui lui importent le plus : chemins publics ruraux, sentiers d'exploitation, cours d'eaux, barrages, moulins, curages, irrigations, drainage, endiguements, servitudes, dessèchements, bornage, baux, colonage, vaine pâture, animaux utiles ou nuisibles, etc.

Avant même la grande ère des traités de commerce, période qui sera pour nous l'objet d'une étude spéciale, l'Empire fit énormément pour le commerce et l'industrie, soit à l'intérieur, soit à l'extérieur. La Banque de France fut autorisée à établir des succursales dans toutes les villes de commerce, dans tous les centres d'industrie véritablement importants. A côté des établissements multipliés de la banque, à côté des comptoirs et sous-comptoirs d'escompte qui, créés après février par le concours du gouvernement, du département et des communes, recevaient de la loi du 10 juin 1853 un tout autre caractère, qui, dégagés du régime de la protection et de la tutelle, étaient livrés à leurs propres forces et conquéraient leur pleine indépendance, prenaient place de nouvelles institutions de crédit : les docks-entrepôts, les magasins généraux de marchandises, la société générale du crédit industriel et commercial. Et pendant que des facilités de prêts et d'emprunts étaient ainsi données au travail et aux affaires, la loi du 17 juillet 1856 sur les sociétés en commandite par actions conviait les capitaux vers les entreprises de toute nature, la construction du palais des expositions nationales aux Champs-Elysées offrait un caravansérail toujours ouvert aux marchandises et aux produits français.

Ce n'était pas assez de pourvoir l'industrie et le commerce de l'instrument d'action, le crédit, de les doter d'un palais d'exposition permanente, il fallait leur donner les voies qui assurent les débouchés. La monarchie de juillet, paralysée par les influences parlementaires qui se disputaient les lignes de chemins de fer, n'avait pu exécuter, avec quelques lignes d'importance secondaire, que quelques tronçons épars ici et là ; la république, avant la présidence, avait été obligée de mettre sous séquestre la plupart des chemins de fer existants. Louis Napoléon, président ou empereur, au bénéfice égal de l'industrie et du commerce, de l'agriculture et de la stratégie militaire, mène à bonne fin, non-seulement l'exécution des principales artères, ligne de Paris à la Méditerranée, ligne de l'Est et de l'Ouest, ligne du grand Central et du Midi, mais les lignes de frontières et les lignes régionales. Puis des embranchements, après avoir lié toutes ces lignes entre elles, les mettent en communication avec les grands établissements industriels, mines, forges, usines, etc. Enfin les deux premiers réseaux achevés, le tour du troisième arrive à peine que déjà les localités, excitées d'une noble émulation, entreprennent les chemins de fer d'intérêt privé. Les autres voies de circulation se développent du même pas, canaux, routes impériales et départementales, chemins vicinaux et de grande communication. Cette œuvre de vie et de fortune, qui s'accélère d'année en année, n'est pas ralentie par les difficultés internationales du pays, et ce qui reste des emprunts de guerre est consacré à l'œuvre de paix. Sur les cent soixante millions, reliquat de l'emprunt de 500 millions autorisé par la loi du 2 mai 1859, cent millions, sur le rapport de M. Rouher, sont répartis entre l'agriculture, les routes, les fleuves et rivières, les canaux et les ports de mer. Voilà pour l'intérieur : à l'extérieur, des conventions commerciales nouées avec les peuples d'Europe et hors d'Europe, des Paquebots méditerranéens et transatlantiques agrandissent nos relations, et étendant nos marchés sur toutes les plages et dans tous les continents.

Au milieu de cet épanouissement général de toutes les forces productives de la France, de l'immense floraison de richesse qui l'accompagne et qui se répand dans toutes les parties du pays, de grands travaux d'utilité et d'embellissement, de nécessité et de luxe s'accomplissent, moindres dans les villages, plus considérables dans les villes, extraordinaires à Paris. Le pouvoir qui en reçoit du lustre, n'en décline pas la responsabilité. Il les a voulus et facilités dans une juste mesure. Un décret du 23 décembre 1851 disposait que les emprunts et impositions votés par les départements ou les villes, qui devaient être sanctionnés par le pouvoir législatif, pourraient dorénavant être autorisés par décrets spéciaux. Dans quel but? Pour donner aux départements et aux communes les moyens de faire face à leurs besoins et favoriser l'entreprise de travaux d'utilité publique. Antérieurement à ce décret et comme préludes, l'exécution des travaux de la bourse de Marseille était autorisée et l'établissement à Paris du chemin de fer dit de Ceinture était prescrit. Après le décret les mesures se succèdent, rapides et nombreuses; ce sont le Havre agrandi, Marseille, Lyon, Grenoble, toutes les villes, qui se transforment par la création de nouveaux quartiers, l'ouverture de nouvelles voies, l'établissement de nouveaux quais, de squares, de jardins, de places, l'édification de monuments religieux ou civils.

Paris devient la ville des merveilles qu'avait rêvée Napoléon 1er. Brisant sa vieille enceinte devenue trop étroite, ses fortifications lui servent de murailles et de limites, des rues spacieuses font circuler l'air et le soleil à travers les quartiers sombres et malsains, des boulevards splendides lui donnent des issues sur la campagne et vers les chemins de fer; et, tandis que des squares élégants ornent d'ombrage, de fleurs et de frais gazon les quartiers de la ville, à ses portes, les bois de Boulogne et de Vincennes, devenus des parcs sans rivaux dans le monde, offrent de magnifiques promenades d'été, l'un, à la cité élégante de l'ouest, l'autre, à la cité ouvrière de l'est. Les édifices qui les bordent participent par leur splendeur à la beauté des nouvelles voies, et le Paris des anciennes dynasties, aux rues étroites et tortueuses, aux maisons pauvres et tristes, ne reconnaît plus le Paris de la dynastie napoléonnienne, aux chemins larges et droits, aux demeures opulentes étalant joyeusement à la lumière leurs façades de blanche pierre sculptée. On dirait la Rome de marbre d'Auguste remplaçant la Rome de brique de la république.

Maintenant qu'au milieu de ce mouvement de travail renaissant, d'industrie et de commerce en plein branle, de métamorphose de Paris et de toutes les villes de France à des degrés divers, il n'y ait pas eu de surexcitation, pas d'abus, que des travaux utiles n'aient pas été négligés pour des travaux voluptuaires, que des irrégularités et des imprudences administratives n'aient point été commises dans la hâte et l'enivrement de l'œuvre, que les sociétés constituées pour coopérer privativement aux grandes entreprises du règne, soient restées pures de tout esprit de spéculation hasardeuse et de tout acte reprochable à l'égard de leurs actionnaires, le penser serait méconnaître la naturelle infirmité qui s'attache à toute chose humaine et l'entache toujours de quelque côté ; le soutenir serait contraire à la vérité franche. Le pays, assurément, aurait désiré moins d'embellissements dans les villes et plus de dépenses productives dans les campagnes, quelques rues percées en moins, par exemple, et quelques canaux d'arrosage effectués en plus. Des esprits, qui ont beaucoup à cœur la gloire de la patrie, très-peu le luxe social, n'eussent pas été fâchés qu'un réveil dominateur des lettres, des sciences et des beaux arts, en décadence très-marquée, coïncidât avec le merveilleux progrès du commerce, de l'industrie et des arts utiles. Le pouvoir a dû provoquer la loi du 23 mai 1863 sur la responsabilité limitée pour couvrir des intérêts trop souvent exposés, et la jurisprudence se montrer sévère pour les conseils de surveillance qui ne surveillent rien ; enfin là où, par des raisons de haute politique, le contrôle du contribuable local n'existe point, on lui a substitué le contrôle du Corps législatif, c'est-à-dire celui de la nation.

Sous le bénéfice de ces réserves et de ces observations, sachons reconnaître l'incontestable grandeur de l'œuvre impériale ; grâce aux travaux opérés, le taux des salaires, s'élevant de plus en plus pour l'ouvrier, lui a permis d'augmenter la somme de son bien-être et celle de ses économies, de vivre mieux et de se constituer un capital qui, placé dans les caisses d'épargnes, de retraites, d'assurances sur la vie, dans les sociétés coopératives ou de secours mutuels, lui garantit la paix du jour dans celle du lendemain, assure son avenir et celui de sa famille. Grâce à ces mêmes travaux, la fortune foncière de la France s'est fortement accrue, et sa fortune mobilière dans des proportions incalculables. On a parlé de dix milliards de valeurs créées, ce n'est là qu'un compte en gros, un compte approximatif, les millions négligés comme menu fretin. Voilà, certes, de beaux bénéfices, et ce sont les moindres, à notre avis. Un pareil mouvement de la richesse publique ne s'est point opéré sans amener de déplacement d'intérêts. Attirés par l'avantage d'une plus large et plus exacte rémunération, les capitaux se détournant de la terre vers les placements de bourse, l'ont de plus en plus abandonnée au paysan, pour qui seul elle est vraiment productive ; de sorte que, pendant que l'ouvrier des villes accède de jour en jour à la propriété mobilière, l'ouvrier des campagnes acquiert la propriété du sol. Et tout cela sans bruit, sans secousse, de la volonté mutuelle, par

la force latente des choses et du droit du travail thé-
saurisateur, au double profit de la civilisation, qui
chemine de tous les pas que fait le progrès commun,
de l'ordre public, qui gagne en base tout ce que la fortune des masses obtient en étendue.

CHAPITRE IV

La révolution de Février avait mis en péril la sécurité générale par l'extension illimitée des libertés civiques ; elle avait annulé l'action du pouvoir exécutif déjà trop bornée par l'influence parlementaire sous le gouvernement de Juillet. L'excès du mal provoqua l'énergie du remède. Louis-Napoléon, que la dictature avait saisi plutôt qu'il ne s'en était emparé, restreignit la sphère des libertés publiques et étendit les attributions du chef de l'État. Grâce à des mesures de salut impérieusement commandées par la situation, voulues et expressément consenties par la nation, la paix se fit dans la société, et l'œuvre du progrès arrêtée put être reprise et conduite à un point que les temps précédents n'avaient point vu. Alors le prince, assuré que l'heure des grands périls était passée, que la civilisation française marchait en bonne voie de développement naturel, montra ce rare et bel exemple d'un souverain qui limite lui-même ses prérogatives, augmente celles des pouvoirs rivaux et inaugure de son mouvement spontané l'ère des libertés, ravissant à sa propre puissance, à son lustre personnel, ce qu'il accorde à l'initiative des citoyens et à leur dignité. Dans l'octroi fait, on remarquera deux parts distinctes : l'une qu'on pourrait appeler de renouvellement, qui a lieu au profit surtout des classes politiques et bourgeoises; l'autre toute de don nouveau. Celle-ci sera le plus souvent la part des humbles, le bénéfice des déshérités; j'y surprends la main tendue d'en haut qui aide à monter; j'y reconnais l'appel au partage meilleur des avantages sociaux, par une plus entière communication du droit commun.

Aux termes de la Constitution, du décret du 22 janvier 1852, réglant les rapports du chef de l'État avec les grands corps politiques, du sénatus-consulte du 27 décembre suivant portant interprétation et modification de la Constitution, le Corps législatif ne pouvait présenter d'amendements aux projets de lois qui lui étaient présentés que par les commissions chargées de les examiner, et ces amendements ne pouvaient aboutir s'ils n'étaient adoptés par le conseil d'État; les sessions du Corps législatif ne duraient que trois mois; les débats du Sénat et du Corps législatif n'étaient connus du public que sous la forme sommaire des procès-verbaux des séances; ces hautes assemblées, privées du droit d'adresse et du droit d'interpellations, ne jouissaient que de la faculté de discuter sur les matières qui leur étaient propres et au jour fixé pour cette discussion ; elles n'avaient de rapports avec le gouvernement que par le conseil et le ministère d'État, ce dernier étant l'intermédiaire unique et obligé du pouvoir exécutif avec les grands corps politiques et avec les autres ministères.

En choses même de finances, la prérogative, si nécessaire à cet égard du Corps législatif, ne se mouvait pas librement. Arguant de leur absolue souveraineté sur ce point, les anciennes assemblées de députés, sous prétexte d'examen détaillé, en étaient arrivées à soumettre à leur contrôle tous les actes administratifs, empiétant par là visiblement sur un domaine qui n'était point le leur ; pour éviter à l'avenir une immixtion aussi dangereuse qu'illégale, le sénatus-consulte précité avait prescrit, d'un côté, que le budget des dépenses étant présenté au Corps législatif par chapitres et par articles, celui-ci néanmoins ne pourrait le voter que par ministères, et d'autre part, que le chef de l'État pourrait, par des décrets spéciaux : 1° autoriser de grands travaux d'utilité publique et des entreprises d'intérêt général ; 2° opérer des virements d'un chapitre du budget à l'autre. Par un effet de la loi des réactions, on passait ainsi du régime de l'immixtion abusive des représentants de la nation en choses d'administration à l'empêchement presque absolu de leur droit de contrôle financier, puisqu'ils ne le pouvaient exercer qu'en frappant d'interdit toute une branche de l'administration publique, et que la même loi, qui leur liait ainsi les mains, laissait, le budget oui ou non voté, le pouvoir à peu près maître de sa disposition, qu'il en usât par des crédits ouverts par anticipation ou par des crédits supplémentaires.

Tout cela fut modifié ou changé par des mesures successives, que nous allons noter par rang de dates. Le 24 novembre 1860, un décret impérial ordonnait que le Sénat et le Corps législatif voteraient tous les ans, à l'ouverture de la session, une adresse en réponse au discours de la couronne; que, pendant la durée de la session, l'Empereur désignerait des ministres sans portefeuille pour défendre devant les chambres, de concert avec le président et les membres du conseil d'État, les projets de loi du gouvernement. Le 2 février 1861, un sénatus-consulte prescrivait que deux comptes rendus des séances du Sénat et du Corps législatif seraient rédigés, l'un *in extenso* publié par le *Moniteur*, l'autre plus sommaire, mais étendu encore, qui serait mis à la disposition des autres journaux. Le 1ᵉʳ décembre suivant, un décret, contre-signé Fould, portait qu'à l'avenir tout décret autorisant ou ordonnant des travaux ou des mesures quelconques, pouvant avoir pour effet d'ajouter aux charges budgétaires ne serait soumis à la signature impériale qu'accompagné de l'avis du ministre des finances. Le 31 du même mois, un sénatus-consulte disposait que le budget de chaque ministère serait voté par sections réglées d'avance, et, chose nouvelle, qu'il ne pourrait être accordé de crédits supplémentaires ou extraordinaires qu'en vertu d'une loi.

Le 18 juillet 1866, le même sénatus-consulte, qui, dans un but de stabilité publique, interdisait la discussion de la Constitution ailleurs qu'au Sénat et dans les formes déterminées, portait, par modification à l'art. 40 de la Constitution, que les amendements des commissaires du Corps législatif pourraient, après avoir été rejetés par le conseil d'État, être pris en considération par le Corps législatif et revenir ainsi une seconde fois à examen, et, par modification à l'art. 41, que les sessions du Corps législatif n'auraient d'autre terme que leur clôture prononcée par décret de l'Empereur. Enfin, le 19 janvier 1867, un décret impérial, voulant donner aux discussions des grands corps de l'État sur la politique intérieure et extérieure du gouvernement plus d'utilité et de précision, remplaçait le droit d'adresse par le droit d'interpellation, et décidait que les ministres à portefeuille pourraient être envoyés au Sénat et au Corps législatif en vertu d'une délégation spéciale.

Les modifications de la constitution sont couronnées par une dernière que voici : « Le sénat peut, en outre, avant de se prononcer sur la promulgation d'une loi, décider, par une résolution motivée, que cette loi sera soumise à une nouvelle délibération du Corps législatif. Cette nouvelle délibération n'aura lieu que dans une session suivante, à moins que le sénat n'ait reconnu qu'il y a urgence. Lorsque, dans une seconde délibération, le Corps législatif a adopté la loi sans changement, le Sénat, saisi de nouveau, délibère uniquement sur la question de savoir s'il s'oppose ou non à la promulgation, » qu'il ne peut empêcher, on s'en souvient, qu'autant que la loi votée porterait atteinte à la constitution, à la religion, à la morale, à la liberté des cultes, à la liberté indivi-duelle, à l'égalité des citoyens devant la loi, à l'invio-labilité de la propriété et au principe de l'inamovibilité de la magistrature, ou qu'autant encore qu'elle com-promettrait la défense du territoire ! Telle est la dis-position fondamentale du sénatus-consulte du 14 mai 1867.

En résumé, à l'heure présente, le Corps législatif, dont le temps n'est plus avarement mesuré, a été remis en possession de droits essentiels, du droit d'amendement aux lois qu'il n'exerce plus seulement par ses commissions mais directement, en corps, avec une autorité qui s'impose au conseil d'État, du droit d'interpellation aux ministres présents à ses séances pour tous les actes de leurs administrations particu-lières. S'il ne peut discuter la constitution qui, dans tous les temps, commanda le respect de tous, si, après le lui avoir accordé, on lui a retiré comme formant double emploi, le droit de répondre par une adresse au discours du trône, il lui est permis d'aborder à propos du budget toutes les questions de politique gé-nérale ; pas une des paroles prononcées à sa tribune ou à celle du sénat qui ne retentisse dans la France en-tière, portée au dehors par les mille voix de la presse. Enfin, tandis que le contrôle financier du Corps légis-latif a été facilité et étendu, l'Empereur ne peut ajouter aux charges budgétaires qu'après avoir pris, dans un cas, l'avis du ministre des finances, et, dans l'autre, qu'après autorisation légale. Ce sont là autant de garanties sérieuses pour le pays, et nouvelles en partie, contre les entraînements du pouvoir. Contre ceux, tout aussi reconnus, d'une unique chambre législative, on a obtenu l'obligation qui peut lui être imposée par le sénat d'une seconde délibération, sans que ce dernier corps, non issu du peuple mais mûri dans les affaires, puisse participer autrement à la loi que par appel adressé, de la précipitation, de la passion possibles des députés de la nation, à leur réflexion et à leur sagesse.

L'opposition, qui ne veut pas être instruite par les leçons du passé, voudrait davantage. Les améliorations libérales, dont la constitution a été l'objet, la touchent peu, elle aspire à en changer les bases ; elle a conçu l'ambition, l'économie des pouvoirs bouleversée, de replacer la couronne sous la tutelle du Corps législatif au moyen de ministres dont le choix lui serait dicté, de transformer le sénat en chambre haute votant au second degré l'impôt et les lois sans mandat, c'est-à-dire qu'elle se propose, en l'état actuel, une sorte de double attentat contre la majesté du peuple, dans la personne du prince seul élu pour l'exercice de la puissance, dans celles des députés, seuls mandés pour consentir le faix des charges publiques et nouer le lien des devoirs juridiques. *Irresponsabilité du chef de l'État, responsabilité ministérielle*, cette vieille thèse démentie par trois révolutions, d'importation étrangère inintelligente, on la reprend à titre de garantie politique infaillible, à titre d'institution nationale. L'inverse est le vrai. Pendant que l'Angleterre, pays essentiellement aristocratique, luttait pour ses libertés contre ses rois, et, après des vicissitudes diverses, les soumettait à la loi de son parlement, la France, dans un dessein de justice et d'égalité, s'associait à ses souverains pour combattre son aristocratie. De l'autre côté du détroit, on invoquait, dans cette contention, les us, coutumes et priviléges, de ce côté au contraire on arguait de la franchise originelle des hommes et d'une loi royale primitive imposant à tous son impartiale autorité. Là ce qu'il fallait abattre, c'était la couronne des conquérants, ici, il fallait relever l'Empire romain antérieur à la conquête. Comme instruments de l'œuvre poursuivie, l'Angleterre avait ses lords, ses communes, ses corporations représentés dans son parlement composé d'une chambre haute et d'une chambre basse. La France avait ses rois, entourés de leur conseil d'État qui préparait les lois, de leurs parlements judiciaires qui les appliquaient après les avoir promulguées, qui y opposaient des remontrances motivées s'ils les jugeaient contraires aux principes et aux traditions du pays, à ce qu'ils appelaient les lois fondamentales, elle avait, s'il s'agissait de consentir de nouveaux subsides, ses assemblées d'États. Ce régime a duré des siècles.

Lequel y ressemble le plus, et par conséquent mieux ancré dans le passé offre plus de garanties pour l'avenir, du régime dit constitutionnel deux fois renversé en 1830 et 1848 ou du régime représentatif que nous possédons, fondé par le consentement national dans son double organisme législatif et exécutif, et depuis sa fondation resté inébranlé? Le second évidemment. Investi de l'autorité exécutive par le peuple, l'Empereur reste l'arbitre des classes diverses qu'il pacifie en leur distribuant une égale justice. Il prépare les lois par son conseil d'État, et, auprès de lui, le Sénat veille sur leur dépôt, conservateur des libertés publiques contre le pouvoir et des traditions nationales contre les entreprises du Corps législatif. Celui-ci, émané de l'élection comme l'Empereur mais pour un autre objet, où le chef de l'État gouverne et administre, consent l'impôt et la loi. Avec le temps et les changements qu'il apporte, la forme des institutions françaises s'est modifiée, leur fond reste le même. OEuvre tout à la fois historique et de progrès, immuable dans ses bases et perfectible dans ses détails, la constitution actuelle est un arbre séculaire et plein de vie qui défie tous les orages par ses racines profondément attachées au sol, par la séve intérieure qui renouvelle aux jours propices son feuillage et ses branches.

En même temps que le Corps législatif, les assemblées locales voient s'accroître leurs attributions dans une large mesure. Les lois des 18 juillet 1863 et 27 juillet 1867 placent, d'une façon plus directe, sous la main des conseils généraux et des conseils municipaux, les écoles, les édifices paroissiaux et diocésains, les routes départementales et les chemins vicinaux, l'assistance des pauvres, les centimes additionnels aux quatre contributions, les travaux exécutés pour le département ou la commune. Organe de l'opinion publique, la presse est émancipée. Les publications périodiques paraissent sans l'autorisation du pouvoir, et, soustraites à la discrétion administrative, ne dépendent plus, quant à leurs écarts et à leur existence, que de la juridiction ordinaire des tribunaux, appréciateurs moins mobiles que le jury, tantôt sévère, tantôt indulgent à l'excès, suivant les lieux et les circonstances. Les réunions politiques que la république avait proscrites absolument, l'empire les rétablit, sous certaines règles nécessitées pour le bon ordre ; les électeurs de chaque circonscription peuvent se rassembler, dans la période qui précède les élections, pour le débat des candidatures posées et le choix de leurs représentants. Venus de l'initiative du pouvoir, annoncés par lettre impériale du 19 janvier 1868, les droits de presse et de réunion ont été organisés par les lois des 11 mai et 6 juin suivants.

Voilà ce qui a été fait par l'Empereur pour les libertés publiques, au profit spécial des classes bourgeoises dirigeantes. Pour les classes populaires, sur la requête de leurs délégués et afin d'accorder à leur dignité blessée d'une situation inégale une juste satisfaction, l'Empereur a demandé au Corps législatif, se faisant leur interprète autorisé, d'une part, que l'art. 1781 qui disposait que le maître serait cru sur son affirmation pour la quotité des gages, pour le payement du salaire de l'année échue, pour les à-comptes donnés dans l'année courante, que cet article fût rayé du Code Napoléon ; et, d'autre part, que le livret des ouvriers, rendu pour eux obligatoire, devînt simplement facultatif. Enfin, chose plus grave pour les classes laborieuses, il leur était interdit sous les peines les plus sévères de se concerter entre eux pour obtenir soit une augmentation de salaire pour leurs journées, soit une diminution des heures de leur travail. La violence et la coercition restant punies, le Corps législatif a décidé par la loi du 25 mai 1864, relative aux coalitions et présentée par le gouvernement, que les ouvriers pourraient librement à l'avenir débattre leurs intérêts légitimes vis-à-vis de leurs patrons munis du même droit.

Dans un intérêt général d'humanité, de justice ou d'affranchissement, d'autres mesures non moins importantes étaient prises : le recours au conseil d'État pour excès de pouvoir ouvert à tout citoyen sans avocat et sans frais, les audiences des conseils de préfectures rendues publiques, la contrainte par corps supprimée en matières civile et commerciale, la procédure des flagrants délits abrégée, la mise en liberté provisoire des prévenus d'exception devenue règle, les demandes en révision des jugements correctionnels et criminels facilitées, le sort des condamnés aux travaux forcés adouci par les faveurs accordées à leur mariage, enfin, préludes de la liberté du commerce et de l'industrie qu'inaugureront les traités internationaux avec l'Angleterre et les autres pays européens, le commerce de la boulangerie et l'industrie des théâtres rendus libres.

Finalement si, dans le régime actuel, le pouvoir exécutif se meut plus librement, s'il a repris son rôle historique d'initiateur souverain des intérêts publics et d'arbitre suprême des classes d'hommes au bénéfice de l'accomplissement nécessaire de l'œuvre du progrès plus hardiment promue et de l'œuvre de pacification sociale de plus en plus difficile, le pouvoir législatif n'a pas été diminué, mais replacé, dans son rôle naturel. Il ne gouverne et n'administre plus par des ministres imposés à la couronne, mais son action a été étendue plutôt que limitée dans la sphère où elle s'exerce utilement, le vote de l'impôt et des lois. Le sénat n'a pas sur ses décisions l'autorité d'un juge d'appel, il ne peut que provoquer de sa part une seconde délibération, faculté qui ne touche en rien à son pouvoir. A leur tour, les conseils généraux et communaux ont vu s'accroître leurs attributions, les droits de l'autorité exécutive étant maintenus dans les prérogatives des préfets et des maires. D'un mot, voici le fait : la confusion des pouvoirs a cessé, en haut comme en bas, et il a été mis un terme aux éternelles entreprises de l'un sur l'autre par une séparation meilleure de leurs attributions respectives, garantie de leur indépendance réciproque. Si une chose nous reste à souhaiter en politique, une chose que possédait le passé dans l'institution des trois États, c'est une représentation plus vraie des divers intérêts sociaux au sein du Corps législatif qu'elle n'a lieu avec notre mode d'élection actuel. De ce côté l'édifice pèche vraiment, de ce côté on peut émettre un juste désir.

Après ce vœu pour que les besoins de chacun et de tous obtiennent un jour au sein du Corps législatif une expression plus parfaite, vœu dont la réalisation aurait ce résultat infaillible et heureux d'y donner le pas dans l'avenir aux questions d'affaires sur les questions de politique spéculative, toujours vaines et dangereuses, nous devons nous préoccuper avec beaucoup de sages esprits et au point de vue du bon fonctionnement de la constitution qui nous régit, de certaines éventualités. L'autorité tout entière est actuellement fondée sur un système de double représentation ; l'Empereur y gouverne au même titre de mandataire de la nation que les députés en corps y consentent l'impôt et les lois, et c'est bien tant qu'il peut exercer le pouvoir par lui-même. Mais si, mineur ou empêché, d'autres agissent sous son nom, le système se trouve faussé aussitôt ; le mandat se trouve d'un côté, et le pouvoir ailleurs. Dans ce cas le régime parlementaire, en dépit de ses inconvénients, ne deviendrait-il point une nécessité de situation ? Voilà le Corps législatif qui est en fait le représentant unique du peuple. Quoi de plus naturel qu'il attire en droit la puissance, qu'il gouverne de concert avec la régence par des ministres possédant leur confiance commune. Mais son action accrue, un contre-poids devient essentiel dans l'intérêt de la couronne. Et quel sera-t-il sinon le sénat, sorti du choix de l'Empereur ? Nous n'avons pas plus l'intention de discuter par là la constitution que nous n'en avons la licence. Nous posons une hypothèse et nous indiquons une lacune. Au prince qui a écrit : *Une constitution est l'œuvre du temps ;* au sénat qui reçut mission de modifier la loi fondamentale et d'y provoquer les changements ou les compléments jugés indispensables, de prévoir et d'aviser, de méditer et d'agir.

Quoi qu'il en soit, par une série de mesures dignes d'un prince qui se glorifie d'être la nation couronnée, l'Empereur a inauguré, à côté du monument des libertés bourgeoises, l'édifice des libertés populaires. Quelle nouveauté ! et pourtant quoi de plus conforme aux traditions de la monarchie française ! Quand j'entends Napoléon III réclamer pour la parole des ouvriers la même foi en justice que pour celle des patrons, la liberté pour eux de se concerter sur leurs intérêts et de les discuter publiquement, quand je l'entends annoncer le dessein de les affranchir graduellement de cette dernière servitude humaine, la misère, je crois ouïr un écho de ces voix souveraines et prophétiques qui s'élevaient chez nous au temps jadis contre l'esclavage, un fléau social dont l'extinction obtenue semble un présage et une promesse de l'extinction future du paupérisme. Grandes tâches en tout cas, œuvres vraiment royales, qui nécessitent le pouvoir autant qu'elles le justifient ! Car telle est la triste loi de ce bas monde, le bien s'y heurte à d'aussi rudes obstacles que le mal. Quel crime le duc de Saint-Simon, un libéral d'autrefois, un partisan résolu du régime représentatif des États, qui professait chaudement la maxime : *les rois sont faits pour les peuples et non les peuples pour les rois*, quel crime gros des plus sombres iniquités reprochait-il au despote Louis XIV? *D'avoir voulu rendre tout peuple sous lui.* Ce forfait, si noir aux yeux du fier gentilhomme, est devenu devant l'histoire l'un des titres glorieux du grand règne à la reconnaissance de la nation.

Mais, et par là Napoléon III se distingue des monarques de vieille race et du chef même de sa dynastie, ce qu'ils opérèrent par le pur pouvoir, il appelle aujourd'hui la liberté à le faire avec lui. Plus conforme à l'esprit du temps, cette conduite lui ralliera les forces vives de la France. Beaucoup d'hommes, — celui qui écrit ces pages se range en leur nombre, — qui ont refusé leur concours à l'empire dictatorial, seront heureux de l'accorder à l'empire s'associant la la liberté.

PARIS. — IMP. DE V. GOUPY, RUE GARANCIÈRE, 5.